Heinz-Albert Heindrichs
Linien und Punkte

Heinz-Albert Heindrichs
Linien und Punkte

Texte von Heinz-Albert Heindrichs, sowie ausgewählte Beiträge von Heiner Stachelhaus, Georg Scherer, Peter Rose, Martin Feltes, Johannes K. Glauber, Hans Jörg Loskill, Bernd Aulich, Anneliese Knorr, Jürgen Kisters, Otto Betz, Elias Betz, Marcellus M. Menke und Ursula Heindrichs.

Edition HIC<

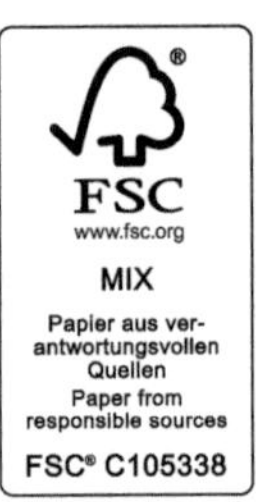

Heinz-Albert Heindrichs
Linien und Punkte

Texte von Heinz-Albert Heindrichs sowie ausgewählte Beiträge von Heiner Stachelhaus, Georg Scherer, Peter Rose, Martin Feltes, Johannes K. Glauber, Hans Jörg Loskill, Bernd Aulich, Anneliese Knorr, Jürgen Kisters, Otto Betz, Elias Betz, Marcellus M. Menke und Ursula Heindrichs.

Edition HIC< 2019

Produktion: Creativity Cologne, Marcellus M. Menke
marcellus.m.menke@m4art.de

Textfassungen und Rechte: Die Rechte aller in diesem Band wiedergegeben Texte wurden sorgfältig recherchiert. In der Regel wurden die Veröffentlichungsrechte den Herausgebern von den Verfassern überlassen. Die Texte folgen der den Herausgebern überlassenen Version. Sollte trotz sorgfältiger Recherche ein Verfasser Texte in der Zusammenstellung finden, für die er noch nicht geklärte Rechte geltend machen kann, bitten die Herausgeber um Kontaktaufnahme, damit die Rechte geklärt und anfallende Honorare gezahlt werden können.

Bibliografische Information der Deutschen Nationalbibliothek: Die Deutsche Nationalbibliothek verzeichnet diese Publikation in der Deutschen Nationalbibliografie; detaillierte bibliografische Daten sind im Internet über www.dnb.de abrufbar.

Layout, Covergestaltung und Satz: Creativity Cologne, Marcellus M. Menke

Umschlagentwurf: Marcellus M. Menke unter Verwendung einer Grafik von Heinz-Albert Heindrichs. Bild Umschlagrückseite: Marcellus M. Menke

Herstellung und Verlag: BoD – Books on Demand, Norderstedt

ISBN: 9783738646030

Linien und Punkte

Es ist faszinierend, die Linien zu sehen, an denen entlang sich das Werk eines Künstlers entwickelt. Auf und entlang dieser Linien gibt es Punkte von Verdichtung und Konzentration, an denen sich Kernaussagen herauskristallisieren.

Es war ein kulturhistorisch großer Schritt, als Menschen anfingen ein System zu entwickeln, mit dem sie zunächst ihre Sprache, dann auch ihre Musik, in Zeichen kodieren konnten. Keilschrift und Hieroglyphen, das Auf-lesen der Buchenholzstäbchen – Buch-Staben – und die Linienbögen der Neumen, schließlich die Notenschrift mit ihren zwischen und auf Linien gesetzten Punkten.

Die in diesem Buch von Heinz-Albert Heindrichs zusammengestellten Texte und Zeichnungen geben die Möglichkeit, den Entwicklungslinien eines Künstlers zu folgen, der sich aus der ersten intensiven Begegnung mit Musik dazu entschieden hat, Komponist zu werden und der bis heute auf faszinierende Art und Weise dabei geblieben ist, Klang, Farbe, Form und Sprache zusammenzustellen, zu komponieren, in immer neuen Variationen, um einen Blick auf das Wesen des Seins in der Welt zu werfen.

Dass sich in diesem Band nicht nur seine eigenen Texte finden, sondern auch von ihm ausgewählte Beiträge anderer Autoren, weitet den Blick auf dieses faszinierende synästhetische Werk noch einmal in ganz besonderer Weise.

Marcellus M. Menke im Mai 2019

Inhalt

Heinz-Albert Heindrichs:

Mein Werk

Texte aus den Jahren 1938 bis 2018

Gedichte

Der Morgen

Die Nacht ist schon vorüber
die Sonne geht schon auf
der Morgen kommt schon wieder
der Nebel steiget auf.

Die Vöglein in den Zweigen
die recken sich empor
und fliegen jetzt im Reigen
und singen dann im Chor

Wir kommen aus den Betten
und ziehen uns jetzt an
das Hündchen an der Ketten
bellt alle draußen an.

Die Hühner aus dem Stalle
der Hahn schreit Kickricki
und wir wir freun uns alle
und lachen mit hihi.

1938

Mein erstes Gedicht

schrieb ich
mit sieben Jahren

Vater bewahrte das Schulheft
und hat es datiert

ich
staune
über die Sprache
die Klarheit der Bilder
und denke viel weiter gegangen
bin ich nicht mehr
als im Kreis

als wäre ich Gedicht um Gedicht
auf der Suche nach
diesem Kind
in mir

1998

Es war im Frühjahr 1938, an einem Sonntagmorgen, als mich meine Eltern bis zum Mittag allein im Hause ließen, was sonst nie geschah; sie versorgten mich mit Kinderbüchern, Malstiften und Papier, und eine Zeitlang las und malte ich auch. Doch die ungewohnte Stille im Haus ließ mich mehr und mehr auf das Draußen, aber wohl auch auf mich selbst hören – und ich kann nicht sagen warum: auf einmal begann ich, ohne jeden ersichtlichen Grund ein Gedicht zu erfinden, mein erstes Gedicht, und das überraschte, freudig erregte Gesicht meines Vaters, als er das Blatt entzifferte, ließ mich ahnen, dass etwas Wichtiges in mir passiert war. Nach Vaters Tod fand ich das Blatt, zusammen mit seiner datierten Abschrift, in seinem Schreibtisch wieder. Als ich 1998 noch einmal daran ging, die Jugendgedichte neu zu fassen und sie um ein Drittel zu kürzen, entstand das nebenstehende Gedicht, das ich wie keines sonst meinem Vater widmen möchte; denn er war es, der mir die Spur gelegt und sie gesichert hat.

Andere Gedichte aus dieser frühen Zeit sind im Krieg verloren gegangen; es mag aber auch sein, dass sie durch ein musikalisches Ereignis in Vergessenheit gerieten: Im Herbst 1938 trafen sich Vater und seine drei Brüder, um ihres ältesten Bruders Albert zu gedenken, der Musik studieren wollte, aber 1918 im Krieg gefallen ist. Ich war dabei, als sie per Schallplatte gemeinsam die Musik hörten, die er zuletzt für eine Aufnahmeprüfung geübt hatte; Schuberts Sinfonie h-moll, die Unvollendete. Es war eine Art Initiation, denn seit dieser Stunde wollte ich nichts anderes mehr als Komponist werden. Ich begann Klavier zu üben und Noten zu schreiben; aber der Krieg verhinderte bald jedes musikalische Fortkommen.

Vater hatte sich, um seine Einberufung zu verhindern, als Lehrer früh in der ‚Kinderlandverschickung‘ engagiert, und so war die Familie, ab dem ersten Bombenangriff auf Köln, mit ihm und wechselnden Kölner Schulklassen dreieinhalb Jahre in KLV-Lagern unterwegs – zuerst in Schlesien bei Glogau, dann in Nideggen in der Eifel, schließlich bis Kriegsende im damaligen Sudetenland, zuletzt in einem Dorf zwischen Saaz und Komotau, wo ich, vierzehnjährig, zukunftslos und abgeschnitten von aller Musik, nun so intensiv wie nie zuvor begann, Gedichte zu schreiben, während um mich schreckliche Dinge passierten: Rückzug der Front, Einmarsch der Russen, Plünderungen der Tschechen, drei Monate Flüchtlingstreck durch Ostdeutschland, schließlich das zerstörte Köln.

Im Jahr 1970 schrieb Marie Luise Kaschnitz ihren Prosatext „Schrott und Schrott“ (in: Steht noch dahin), der genau meinen damaligen Zustand betrifft. In einer Kunstausstellung, die in der Nachfolge von Popart und Happening schrottreife Objekte zur Schau stellt, kommt ihr folgendes in den Sinn: „Ich erinnere mich an die Zeichnungen einer Schulklasse aus dem Taunus, die man nach der Zerstörung der Stadt Frankfurt in das verwüstete Zentrum geführt und der man die Aufgabe gestellt hatte, ihre Eindrücke nach eigenem Ermessen wiederzugeben. Auf den Blättern dieser Kinder, die nichts als Schrott, Brandschutt und Ruinen gesehen hatten, standen alle Häuser aufrecht bis zum Gesims, schwangen die zerstörten Brücken sich unversehrt von Ufer zu Ufer, erhoben sich die zerfetzten Bäume makellos in vollem Laub."

Was kannte ich damals schon, ein paar Goethe-, Claudius-, Eichendorff-Verse; offenbar hielt ich mich inmitten der Trümmer und falschen Parolen an sie, an ihre Unversehrtheit; und es gehört somit ganz unbedingt zu meiner Vita, die frühesten Gedichte nicht zu verleugnen. Als Obdachloser habe ich ein halbes Jahr in einer Gartenwirtschaft auf einem Billardtisch geschlafen und auf einem ausgedienten Wirtshausklavier wie besessen zu komponieren angefangen, bis wir Ostern 1946 in eine Notwohnung nach Bonn ziehen konnten und ein Leben mit neuen Perspektiven begann, für mich vor allem mit der Entdeckung von Kunstströmungen, die uns als entartet verschwiegen worden waren. Sechzig Jahre später erinnert ein Gedicht an diese Aufbruchzeit:

1946

sah ich / zum erstenmal
Klee und Kandinsky
verschlang Trakl und Benn
ich war fünfzehn
dem Chaos / gerade entronnen
und die wahren Botschaften
drangen durch mich / wie Feuer
seither / dem Unbekannten
ruhelos auf der Spur

Seitdem zeigen die Jugendgedichte verschiedene Stationen der Aneignung von Sprache, Ausdruck und Form, ohne indessen in eine epigonale Abhängigkeit zu geraten. Als Pennäler des Bonner Beethoven-Gymnasiums trat das Komponieren nun freilich mehr und mehr in den Vordergrund; hinzu kam die Auseinandersetzung mit bildender Kunst und Theater; ich begann zu malen, spielte größere Rollen in Laienspielgruppen und in der Schultheater-AG, so zum Beispiel den Karl Moor in Schillers Räubern; ich inszenierte Stücke und schrieb zugleich die Bühnenmusik zu ihnen; und so wurde ich auch, als Primaner und ohne Student zu sein, auf dem Neudeutschen Studententag 1951 in Würzburg eingeladen, die Hauptrolle des Hiob in einem gleichnamigen Bühnenstück zu übernehmen. Dort begegnete ich Ursula Wiegers, sie studierte Germanistik im vierten Semester, war im Stück die Souffleuse, ist seit 1958 meine Frau, aber ab Würzburg schon die eigentliche Muse und untrügliche Kritikerin aller meiner Arbeiten. Als wir 2001 für unsere Beiträge zur Märchenforschung gemeinsam den Europäischen Märchenpreis erhielten, sagte ich in meiner Dankesrede: „Heute denke ich: wäre sie eine Pianistin geworden, hätte ich, wie Schumann, wohl vorwiegend Klaviermusik geschrieben; da sie aber in der Sprache zu Hause ist, hat sich der Schwerpunkt meiner künstlerischen Arbeit wie von selbst dahin ausgerichtet und ist nun sicher in den dreißig Lieder- und Chorzyklen auf zeitgenössische Dichter sowie in den vielen eigenen Gedichten zu suchen, … und ich denke, dies war meine Möglichkeit, das ununterbrochene Gespräch mit ihr fortzuschreiben."

Als ich 1952 tatsächlich begann, in Köln Musik und vor allem Komposition zunächst bei Rudolf Petzold, dann bei Frank Martin zu studieren, rieten mir die Lehrer, alle anderen künstlerischen Ambitionen vorerst einmal sein zu lassen. „Musik", so meinten sie, „ist eine Spezialbegabung, und wer sich darauf nicht voll konzentriert, wird es zu nichts bringen." Ich habe mich daran gehalten, und so ist auch das Schreiben von Gedichten nach 1952 versiegt; ich legte sie in eine Schublade, es waren 160, und glaubte das Kapitel für immer abgeschlossen.

1954 erhielt ich den Kölner Kompositionspreis (hauptsächlich für das Erste Liederbuch nach Sappho, Litaipe und Langston Hughes), 1958 den Brüsseler Kammermusikpreis (fürs zweite Streichquartett). Aber wenn Anfragen an die Kölner Hochschule kamen, wer denn wohl eine Bühnen- oder Kulturfilmmusik schreiben könne, dann fiel mein Name; und so kam es, dass ich mir das Studiengeld durch Bühnenaufträge in Bonn, Köln und Umgebung verdiente, was dazu führte, dass ich 1957 als Leiter der Schauspielmusik ans Essener, 1961 ans Wuppertaler Theater verpflichtet wurde und dann freischaffend bis 1972 an die 300 Bühnen-, Hörspiel- und Filmmusiken geschrieben habe: ich saß am Regiepult und erfand Musik auf sprachliche und visuelle Abläufe, und ich lernte, was mir kein Lehrer erklärt hat, nämlich dass meine „Spezialbegabung" eine synästhetische ist, eine, die auf den Zusammenhang von Hören und Sehen zielt. Es war eine spannende Zeit, ja erst die eigentliche Lehrzeit; und trotzdem versuchte ich, im Verlauf der sechziger Jahre, aus dem Karussell des Kulturbetriebs, in dem ich rotierte, wieder herauszukommen; ich fühlte mich ausgenutzt, sah meine künstlerischen Ziele fremdbestimmt und verraten, und in dieser Not begann ich 1963, erst mühsam, aber dann zunehmend sicherer, erneut Gedichte zu schreiben – und sie wurden für mich, statt der Musik, zum Freiraum, in dem ich künstlerisch nicht zu vereinnahmen war.

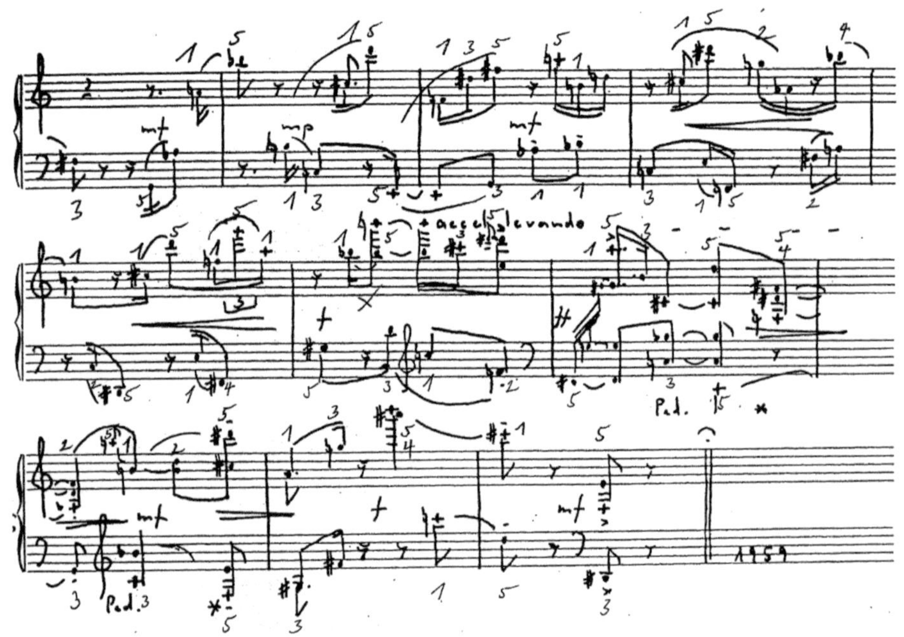

Heinz-Albert Heindrichs, Faksimile des Klavierfragments 1959,
Takt 109 bis 118.

Zur Klaviersonate 1955

Toccata – Elegie – Toccata

Als ich die Sonate schrieb, war ich 24 Jahre alt und noch Student der Kölner Musikhochschule. Ein paar Monate zuvor, im Dezember 1954, hatte ich für mein erstes Liederbuch überraschend den Kölner Kompositionspreis erhalten, und das war wohl der Grund dafür, dass die Universität Köln bei mir anfragte, ob ich für ein Konzert mit Uraufführungen von Kölner Komponisten ein Stück schreiben könne.

Ich sagte zu, schrieb die Sonate im Verlauf des Frühjahrs und spielte sie Ende Juni in der Aula der Kölner Uni selbst. Ich hätte sie niemand anderem übergeben können, denn das Stück wurde erst zwei Tage vor der Aufführung fertig, und da ich keinen Abstand hatte, war ich mir, vor allem bei den Schlüssen, nicht ganz sicher. So hatte ich in der Nacht vor dem Konzert eine Art Alptraum: ich saß am Flügel, spielte die zweite Toccata, wusste das Ende nicht und schlug, um es gewaltsam zu erreichen, den Klavierdeckel mit aller Kraft zu – und dabei wachte ich auf.

In der Tat ist es so, dass beide Toccaten, wie auch die Elegie, keine Schlüsse haben, sondern sozusagen ins Offene stürzen; so steht es auch als Spielanweisung über den Noten. Das ist bei vielen Arbeiten bis heute so, vor allem auch bei meinen Gedichten und Bildern. Sie entstehen zum einen in der Vorstellung, aus einem geschlossenen Kulturkreis ins Offene zu geraten, zum andern komme ich in ihnen den eigenen Lebensanfängen auf die Spur, die durch eine schwierige Zangengeburt geprägt sind, wofür ich ein Gedicht aus den achtziger Jahren zitieren möchte:

Im trunkenen Dunkel
presst dich
wehes Erkennen
du musst
mit Zangen der Angst
deine Geburt wiederholen
du musst deinen Kopf
in Bilder entbinden
du musst hinaus

Dass dem so sein könnte, wusste ich zur Zeit der Sonate zwar nicht, unbewusst ist es ihr aber eingegeben – und so verstehe ich auch das Zitat des alten Minnesangliedes „Ich wollt, daß ich daheime wär", das in der zweiten Toccata von ganz ferne herüberklingt, ehe die Sonate dann vollends ins Offene stürzt. Wie bei dem zitierten Gedicht, so ist das auch bei den Sätzen der Sonate schon so: sie haben ihre Spannungskurven wie bei geschlossenen Formen, aber ihren eigentlichen Schwerpunkt suchen sie am Ende außerhalb der Form.

1955 – das war für mich jedoch auch das Jahr einer stilistischen Zerreißprobe: um mich herum, zumal in Köln, begannen meine Altersgenossen seriell zu schreiben; nichts anderes galt für sie mehr. Meine Vorstellung war indessen, zwischen den damaligen Fronten hindurchzukommen, die Sinnlichkeit eines Bartok und die Splittertechnik eines Webern zugleich zu erreichen und daraus eine polare Spannung aufzubauen – die Musik musste durch Widerstände, sie war selbst widerständig, und das, denke ich, hat sie lebendig erhalten.

Zum Klavierfragment 1959

Es entstand, während ich Leiter der Schauspielmusik an den Essener Bühnen war und kaum Zeit hatte zum freien Komponieren; es sollte auch eine Sonate werden, zwölftönig anfangend, aber mit folgender Idee – 1. Satz: Sept- und Sekundspannungen; 2. Satz: konsonante Terzen und Sexten ineinander verwoben; 3. Satz: Zusammenstoß und Ausbruch – aber beim 2. Satz kam ein besonderer Auftrag auf mich zu: die Musik zu Strindbergs „Totentanz zu schreiben (mit Bernhard Minetti und Erwin Piscator als Regisseur). Danach konnte ich mich vor Bühnenaufträgen nicht mehr retten; später habe ich den stilistischen Anschluss zur Sonate nicht mehr gefunden und den begonnenen zweiten Satz als Arioso dem Allegro vorangestellt.

Zur Entstehung der Liederbücher

In einer multimedialen Szene aufgewachsen, begann ich seit den siebziger Jahren, die Medien zunehmend zu trennen und mich auf ihre Innenbereiche zu konzentrieren: auf Gedicht, Zeichnung und Lied. Zeichnen – das war zunächst die Zerstörung der Notenschrift, die Verweigerung der Buchstaben, der Ausbruch aus kompositorischer Arbeit: No-tation. Das Schreiben von Noten und Gedichten schlug um in die bloße Zeichnung; aber dieser Sprung ins Verstummen – zunächst nichts als ein Ende – ist dann unvermutet ein Sprung in unbekannte Zusammenhänge geworden. Denn offenbar werden in den No-tationen nicht nur Musik und Sprache zum Schweigen gebracht, offenbar assoziieren sie nicht nur das Ende abendländischer Notation und Semantik, sondern auch deren Anfänge – Neumen und Mönchshandschriften – und darüber hinaus außereuropäische Bild- und Schriftzeichen; sie lassen sich als Fortentwicklung grafischer Notation nach Cage, aber auch in bildnerischen Zusammenhängen mit Klee, Wols, Tobey, Michaux, und schließlich als Sonderfall visueller Poesie verstehen. Das Überraschende, ja Paradoxe: erst Trennung machte die Medien allseits beziehungsfähig – sie begannen, Analogien zu entwickeln.

Zu den No-tationen verhielten sich die Gedichte und Vertonungen indessen wie Kontrapunkte; denn sie bemühten sich nun erneut um ein genaues Notieren von Bedeutungen. Indem ich von einem Medium zum anderen umpolte, war es mir möglich geworden, verschiedene Positionen einzunehmen. In einer Zeit, in der sich alte Zusammenhänge auflösten und unüberschaubar neue bildeten, schien ein geschlossenes Ganzes nicht mehr möglich, wohl aber punktuelle Verdichtung in Analogien, die übergreifende Anschauungen imaginieren: Inter-media. So sah ich meine Versuche insgesamt als Grenzerfahrungen, nicht in der Mitte, sondern an verschiedenen Punkten auf der Peripherie eines Kreises; und mit dem Medium wechselten nun die Blicke – in den Kulturkreis hinein, aus ihm heraus. Gedicht, Zeichnung und Lied – sie wurden für mich zu punkthaften Konzentrationen in einem rotierenden Raum, und ich nahm wahr, wie sie sich in ihren Konstellationen zueinander verhielten.

Seit Mai 1980 stellten das Musiktheater im Revier, das Folkwang-Museum Essen, die Biennale Ruhr, die Wittener Kammermusiktage und verschiedene Galerien meine Lieder, Zeichnungen und Gedichte erstmals zusammenhängend vor. Damals waren die No-tationen noch mit schwarzer Tusche geschrieben und der Notenschrift nah, mittlerweile sind die Zeichnungen farbig geworden und in verschiedenen Schichten übereinandergeschrieben; dabei wurden die Notenzeichen zurückgedrängt und von unlesbaren Schriftzeichen überlagert (Palimpseste). Erst später bemerkte ich, dass die Zeichnungen die veränderte Konstellation spiegelten: die semantische Arbeit an den Gedichten, auch sie hatte sich ihren nichtsemantischen Gegenpol gesucht - es entstand der Band ‚Die Nonnensense‘ mit ihren 111 Laut- und Unsinnsgedichten.

Dass die lebenslange Bemühung um das eigene Gedicht mein Verhältnis zur Komposition bestimmt hat, liegt auf der Hand – und das war schon früh so. Das „erste Liederbuch für Singstimme und Klavier" nach Gedichten von Litaipe, Sappho und dem afroamerikanischen Dichter Langston Hughes entstand 1954, noch unberührt von der seriellen Phase der Nachkriegsmusik; ich war 23 und als Student sehr überrascht, dafür im gleichen Jahr den Kölner Kompositionspreis zu erhalten. Der Grund, nicht deutsche, sondern außereuropäische Gedichte zu wählen, war wohl die Erkenntnis, dass sowohl das deutsche Kunstlied als auch die europäische Lyrik ihren letzten Höhepunkt im Expressionismus und Surrealismus hatten. Karlheinz Stockhausen, der eine der Aufführungen besuchte, brachte mein Problem auf den Punkt, als er sagte: „der Heindrichs könnte der Liederkomponist unserer Generation werden, wenn das Zeitalter des Liedes nicht unwiederbringlich vorbei wäre." Mein Vorhaben, Trakl zu vertonen, das ich schon 1950, als Pennäler, verfolgte, zerfiel zum Beispiel in sich selbst, als ich die außerordentlichen Vertonungen Anton Weberns kennenlernte.

So entstand das zweite Liederbuch erst 25 Jahre später – 1979 – und im Mai 1980 erklang es erstmals, konfrontiert mit dem ersten Liederbuch, im Musiktheater im Revier. Diese Konfrontation war für mich eine Schlüsselerfahrung; sie bestätigte mich in der Ansicht, die Tradition des deutschen Kunstliedes, auch die der Wiener Schule, nun doch überspringen zu können. Seitdem sah ich mich herausgefordert, es mit den Traditionen aufzunehmen und sie – mit den gewählten deutschen Dichtern und Gedichten – an ihre vielleicht letztmögliche Grenze zu bringen: ich konzentrierte mich nun ganz bewusst auf die Vertonung deutscher Lyrik seit 1950 – und der entscheidende Anstoß hierzu war, neben den späten Gedichtfragmenten Günter Eichs, vor allem Ernst Meisters letzter Gedichtband „Wandloser Raum", der im Frühjahr 1979, noch bei Luchterhand, erschien: Wandloser Raum – diese Metapher der Grenzerfahrung, der Aufhebung des Lebens im Tod; eine Sprache, aufs letzte reduziert, die sich ihrer selbst zu entäußern schien – sie war wohl der Auslöser, nach dem ich solange gesucht hatte – und ich war mit der Vertonung des Zyklus fast fertig, als die Nachricht von Meisters Tod kam. Erst Jahre später erfuhr ich, durch Vermittlung des Hagener Malers Emil Schumacher, dass es da einen synästhetischen Zusammenhang zwischen mir und Meister gibt: ich lernte seine Aquarelle kennen.

Heute weiß ich, dass das zweite Liederbuch erst entstehen konnte, nachdem ich den Sprung in die No-tation, in die Verweigerung bisheriger Zusammenhänge gewagt hatte – der Knoten, der die Möglichkeiten verschnürte, war zerschlagen, erst danach konnte sich auch ein neues Verhalten zum kompositorischen Material freisetzen. Dass aber das Zeichnen das Komponieren so direkt und grundlegend veränderte, bedarf wohl der Erklärung. Wie jeder, der in unserem Kulturkreis komponiert, habe ich gelernt, der Harmonik, der Organisation der Zusammenklänge, die Hauptaufmerksamkeit zu widmen und komplex mit ihr die anderen Parameter zu entwickeln.

Seit dem zweiten Liederbuch stellte ich jedoch zunehmend fest, dass für mich Harmonik und Zusammenklang beim Erfinden fast keine Rolle mehr spielten; ich sah mich ihrer Möglichkeiten beraubt, aber auch ihrer Fesseln entledigt. Stattdessen komponierte ich auf einmal so, wie ich zeichnete: ich schrieb eine Schicht nach der anderen übereinander – und dabei hat sich die rhythmische Schicht immer mehr in den Vordergrund geschoben. Ausgehend vom Sprechen, notierte ich sie, nur mit Hilfe von Stoppuhr und Metronom, bis in die kleinste Einzelheit aus, wobei sich zwischen Takt und Rhythmus ein Kampf ereignet. Die Zählzeit für den Interpreten ist bewusst einfach, wie der Herzschlag, meist eine pulsierende Drei; aber durch dieses Zeitgitter wird der Rhythmus gepresst, gestaucht, bäumt sich, schießt heraus – der Hörer bemerkt den Takt nicht; er ist allein im Vollzug des Interpreten vorhanden, als Widerstand sozusagen, an dem sich das rhythmische Kraftfeld erzeugt. Dabei sind die Proportionen so verspannt, dass sie über Verdichtungen und

Kulminationspunkte ins Offene hinausstürzen: der Rhythmus ist also zum primären Parameter der Erfindung geworden, der nicht nur elementare und emotionale Vorgänge unterhalb des Sprachverlaufs freilegt, sondern auch die Form reguliert. Ist ein Zyklus rhythmisch zu Ende gebracht, beginne ich ihn mit der zweiten Schicht – den Tonhöhen – wieder von vorne, komponiere ihn gewissermaßen auf einer anderen Ebene neu. Ich vermag mich so nun auf diese Schicht und ihre eigenständige Rolle im Ganzen voll zu konzentrieren und sie, bis in mikrointervallische Nuancen, aber auch als Bogen, genau auszuhören und zu notieren. Der Gewinn: die Annäherung an das Gedicht, an seinen Autor, vollzieht sich auf mehreren Ebenen und setzt so reichere, auch widerstrebende Assoziationsfelder frei. Die dritte Schicht ist schließlich die Ausdrucksebene, in der mit der rasch wechselnden Artikulation zugleich stimmtechnisches Verhalten wie auch Dynamik als eine Art Erlebenskurve – teils verbal – beschrieben werden. Das Ziel: höchste Ausdrucksdichte bei äußerster, aber geballter Reduktion der Mittel. Was mir so wohl gelang, war die existentielle, ja minidramatische Aussage der gewählten Gedichte enorm zu verstärken: Interpret und Zuhörer erfuhren sie wie im freien Fall: denn da der eigentlich erwartete Parameter Harmonik gänzlich fehlte, schien einem der Boden unter den Füßen weggezogen.

Von 1979 - 85 entstanden so sechs Liederbücher, die sich, quasi konzertanten Formen gleich, aus drei, in einem Fall aus zwei Zyklen zusammensetzen; dabei versuchte jeder Zyklus das Portrait eines Dichters zu erfassen, und jedes Buch setzte, mit jeweils gleichem kompositorischen Material, verschiedene Dichter und ihre Aussagen in ein Spannungsfeld zueinander. Aus der Auflistung der Bücher geht deutlich hervor, dass Ernst Meisters Gedichte der eigentliche Auslöser des Unternehmens waren: in drei Liederbüchern hat er mit jeweils fünf Gedichten das letzte Wort - und so ist vor allem er es, der über die Vertonung ein Beziehungsgeflecht zu Ilse Aichinger und Günter Eich, zu Paul Celan und Nelly Sachs, zu Jürgen Becker und Jesse Thoor erfährt. Meine Vor-stellung, mit der Zeit eine umfassendere musikalische Deutung deutscher Nachkriegslyrik zu erarbeiten, gab ich aber auf. Zum einen fand ich im postmodernen Umfeld keine Gedichte mehr, die mein Anliegen gesteigert hätten; zum andern ergaben sich, durch die Doppelprofessur an Uni und Musikhochschule und schließlich auf den Ruhestand hin ganz neue synästhetische Aufgaben-felder. Wie schon immer wurde mir erst später klar, dass die Phase des Liederschreibens wirklich zu Ende war, aber doch einen weiterführenden Sinn bekam: denn auf die neunziger Jahre zu und über sie hinaus begann die Arbeit an den eigenen Gedichten mehr und mehr in den Vordergrund zu rücken. Heute denke ich, dass es notwendig war, gerade die Gedichte dieser Autoren zu ver-tonen, ja sie zu überwältigen und so mit meinen Gedichten über sie hinauszukommen. Heute weiß ich, dass im synästhetischen Geflecht meiner künstlerischen Arbeit nicht Musik und Zeichnung, sondern das Gedicht den Schwerpunkt übernommen hat; aber es musste durch die anderen Disziplinen hindurch und sowohl das erlernte Komponieren, das Auditive, wie auch, durch die Bilder, das Visuelle, das Sehen von Formen ins Gedicht übersetzen. Beda Alemann, der Herausgeber von Celans Gesamtwerk, kam kurz vor seinem Tod ins Museum Folkwang, um diese Synthese von Musik, Zeichnung, Gedicht in Erfahrung zu bringen, und er meinte, sie sei mein besonderer, originärer Beitrag, um den er sich kümmern wolle, wenn er nur wieder gesund werde.

Wenn man mich heute nach Vorbildern zu meinen Gedichten fragt, so würden mir eher Musiker einfallen, durch die ich gelernt habe, zu ihnen zu finden – etwa Anton Webern, Olivier Messiaen: sie sind mehr und mehr zu komponierten Gebilden geworden, und ich hüte mich davor, sie zu vertonen, denn das würde ihren Gehalt verdoppeln und mindern. Es war ein langer, synästhetischer Weg notwendig, um zur Einfachheit von Lösungen zu gelangen, und ich Ungeduldiger musste lernen, Geduld zu üben. Schließlich ist mir – wenn auch spät – das Glück widerfahren, vom Rimbaud Verlag entdeckt zu werden und – wieder einmal 25 Jahre später – hier Ernst Meister neu zu begegnen.

Zum intermedialen Programm

Lieder – Zeichnungen – Gedichte / Museum Folkwang Essen 1985

In einer multimedialen Szene aufgewachsen, begann ich seit den siebziger Jahren, die Medien zunehmend zu trennen und mich auf ihre Innenbereiche zu konzentrieren: auf Gedicht, Zeichnung und Lied. Zeichnen – das war zunächst die Zerstörung der Notenschrift, die Verweigerung der Buchstaben, der Ausbruch aus kompositorischer Arbeit: No-tation. Das Schreiben von Noten und Gedichten schlug um in die bloße Zeichnung; aber dieser Sprung ins Verstummen – zunächst nichts als ein Ende – ist ganz unvermutet ein Sprung in unbekannte Zusammenhänge geworden. Denn offenbar werden in den No-tationen nicht nur Musik und Sprache zum Schweigen und der Parameter Zeit zum Stillstand gebracht, offenbar assoziieren sie nicht nur das Ende abendländischer Notation und Semantik, sondern auch deren Anfänge – Neumen und Mönchshandschriften – und darüber hinaus außereuropäische Bild- und Schriftzeichen; sie lassen sich als Fortentwicklung grafischer Notation nach Cage, aber auch in bildnerischen Zusammenhängen mit Klee, Wols, Tobey, Michaux, schließlich als Sonderfall visueller Poesie verstehen. Das Überraschende, ja Paradoxe: erst Trennung machte die Medien allseits beziehungsfähig – sie begannen, Analogien zu entwickeln.

Zu den No-tationen verhalten sich die Gedichte und Vertonungen wie Kontrapunkte; denn sie bemühen sich erneut um ein genaues Notieren von Bedeutungen. Indem ich von einem Medium zum anderen umpole, ist es mir möglich geworden, verschiedene Positionen einzunehmen. In einer Zeit, in der sich alte Zusammenhänge auflösen und unüberschaubar neue bilden, scheint ein geschlossenes Ganzes nicht mehr möglich, wohl aber punktuelle Verdichtung in Analogien, die übergreifende Anschauungen imaginieren: Inter – media. So sehe ich meine Versuche insgesamt als Grenzerfahrungen, nicht in der Mitte, sondern an verschiedenen Punkten auf der Peripherie eines Kreises; und mit dem Medium wechseln die Blicke – in den Kulturkreis hinein, aus ihm hinaus. Gedicht, Zeichnung und Lied – das sind für mich punkthafte Konzentrationen in einem rotierenden Raum, und ich nehme wahr, wie sie sich in ihren Konstellationen zueinander verhalten.

Im Mai 1980 stellte das Musiktheater im Revier zum ersten Mal Lieder, Zeichnungen und Gedichte zusammenhängend vor. Damals waren die Notationen mit schwarzer Tusche geschrieben und der Notenschrift nah – auch die Gedichte kreisten vielfach um musikalische Erfahrungen. Mittlerweile sind die Zeichnungen farbig geworden und in verschiedenen Schichten übereinandergeschrieben; dabei erscheinen die Notenzeichen zurückgedrängt und von unlesbaren Schriftzeichen überlagert. Zuvor hatte eine intensive Arbeitsphase an Gedichten eingesetzt – in den Jahren 1983/84 entstanden etwa hundertfünfzig – und das Komponieren geriet wieder einmal in den Hintergrund. Erst später bemerkte ich, dass die Zeichnungen die veränderte Situation spiegelten: die semantische Arbeit an den Gedichten hatte sich, in Hieroglyphen, ihren nichtsemantischen Gegenpol gesucht – was Gedicht und Vertonung an Zuordnungen noch zustandebringen, in den Zeichnungen wird es aufgelöst; das eine scheint das andere zu bedingen.

Dass die lebenslange Bemühung um das eigene Gedicht mein Verhältnis zur Komposition bestimmt hat, liegt wohl auf der Hand – und dies war schon früh so. Das erste Liederbuch für Singstimme und Klavier – nach Gedichten von Litaipe, Sappho und Langston Hughes – es entstand bereits 1954, noch unberührt von der seriellen Phase der Nachkriegsmusik. Aber die unumgängliche Erkenntnis, dass sowohl das Kunstlied als auch die Lyrik ihren letzten großen Höhepunkt im Expressionismus hatten, ließ mich damals verstummen und anderes versuchen; das Vorhaben, Trakl zu vertonen, zerfiel zum Beispiel in sich selbst, als ich die Vertonungen Weberns kennenlernte. So entstand das zweite Liederbuch erst fünfundzwanzig Jahre später – 1979 – und im Mai 1980 erklang es erstmals, konfrontiert mit dem ersten Liederbuch, im Musiktheater im Revier. Diese Konfrontation war für mich eine Schlüsselerfahrung; sie bestärkte mich in der Ansicht, die Traditionen des deutschen Kunstliedes, auch die der Wiener Schule, nun doch überspringen zu können. Seitdem sah ich mich herausgefordert, es mit den Traditionen aufzunehmen und sie, mit den gewählten Dichtern und Gedichten, an ihre vielleicht letztmögliche Grenze zu bringen. Dabei konzentrierte ich mich auf die mir adäquate Situation, auf die Vertonung deutscher Lyrik seit 1950; jeder Zyklus versucht gewissermaßen das Portrait eines Dichters – jedes Liederbuch setzt verschiedene Dichter und Aussagen in ein Spannungsfeld zueinander – und alle Liederbücher, so möchte ich hoffen, ergeben eine musikalische Deutung deutscher Nachkriegslyrik.

Dem war jedoch der Sprung in die No-tation, in die Verweigerung bisheriger Zusammen-hänge vorausgegangen – der Knoten, der die Möglichkeiten verschnürte, war zerschlagen, erst danach setzte sich auch ein neues Verhalten zum kompositorischen Material frei. Dass aber das Zeichnen mein Komponieren direkt und grundlegend veränderte, bedarf wohl der Erklärung. Wie jeder, der in diesem Kulturkreis komponiert, habe ich gelernt, der Harmonik, der Organisation der Zusammenklänge, die Hauptaufmerksamkeit zu widmen und komplex mit ihr die anderen Parameter zu entwickeln. Seit dem zweiten Liederbuch stellte ich jedoch zunehmend fest, dass für mich Harmonik und Zusammenklang beim Erfinden nicht mehr die alte Rolle spielten; ich sehe mich ihrer Möglichkeiten beraubt, aber auch ihrer Fesseln entledigt. Stattdessen komponiere ich so, wie ich zeichne: ich schreibe eine Schicht nach der anderen übereinander – und dabei hat sich die rhythmische Schicht immer mehr in den Vordergrund geschoben. Ausgehend vom Sprechen, notiere ich sie, nur mit Hilfe von Stoppuhr und Metronom, bis in die kleinste Einzelheit aus, wobei sich zwischen Takt und Rhythmus ein Kampf ereignet. Die Zählzeit ist bewusst einfach, wie der Herzschlag, meist eine pulsierende Drei; aber durch dieses Zeitgitter wird der Rhythmus gepresst, gestaucht, bäumt sich, schießt heraus – der Hörer bemerkt den Takt nicht; er ist allein im Vollzug des Interpreten vorhanden, als Widerstand sozusagen, an dem sich das rhythmische Kraftfeld erzeugt. Dabei sind die Proportionen so verspannt, dass sie über Verdichtungen und Kulminationspunkte ins Offene hinausstürzen. Der Rhythmus ist also zum primären Parameter der Erfindung geworden, der nicht nur elementare und emotionale Vorgänge unterhalb des Sprachverlaufs freilegt, sondern auch die Form reguliert. Ist ein Zyklus rhythmisch zu Ende gebracht, beginne ich ihn mit der zweiten Schicht – den Tonhöhen – wieder von vorne, komponiere ihn gewissermaßen auf einer anderen Ebene neu. Ich vermag mich so nun auf diese Schicht und ihre eigenständige Rolle im Ganzen besser zu konzentrieren und sie, bis in mikrointervallische Nuancen, aber auch als Bogen, genauer auszuhören und zu notieren. Der Gewinn: die Annäherung an das Gedicht, an den Autor, vollzieht sich auf mehreren Ebenen und setzt reichere, auch einander widerstrebende Assoziationsfelder frei. Die dritte Schicht ist schließlich die Ausdrucksebene, in der mit der rasch wechselnden Artikulation zugleich stimmtechnisches Verhalten wie auch Dynamik als eine Art Erlebenskurve – teils verbal – beschrieben werden. Das Ziel: größte Ausdrucks-dichte bei äußerster, aber geballter Reduktion der Mittel. Hierdurch verstärkt sich die existentielle, ja minidramatische Aussage der Nachkriegslyrik – Interpret und Hörer erfahren sie wie im freien Fall: denn da der erwartete Parameter Harmonik fehlt, scheint der Boden unter den Füßen weggezogen.

Zweites Liederbuch

Ein Gedicht vertonen heißt nicht allein, es beim Wort nehmen, sondern vor allem, die emotionale Spur seiner Bilderketten aufzufinden, die Konturen zu entdecken, die unter dem Gesagten her verlaufen. Ilse Aichingers Gedichte bestechen und irritieren zugleich durch eine surreale Verfremdungstechnik, hinter der eine komplexe Gefühlswelt wie in einem Vexierspiel verdeckt aufscheint. Ich habe nicht versucht, die geheimnisvollen Bilder zu erklären, sondern ihre emotionale Tiefenschicht zu erkunden und hervorzuholen. „Abgezählt" heißt das zweite der fünf Gedichte, die ich dem Band „Verschenkter Rat" (Fischer 1978) entnommen habe; für ihn erhielt Ilse Aichinger unter anderem den Nelly-Sachs-Preis.

Die „25 Formeln" stehen, durchnummeriert, in Günter Eichs letzten beiden Gedichtbänden: 1 - 17 in „Zu den Akten" (Suhrkamp 1964), 18 - 25 in „Anlässe und Steingärten" (ebenda 1966). Es sind nur noch Splitter von Gedichten, etwa: 5) Gerüche von Bildzeitungen – 10) Lachreiz vor Säulen – 21) Baumwollust. Eichs Metaphern entgleisen; sie entdecken nicht Sinn, sondern Unsinn, stürzen ins Triviale, Groteske, und dies aus Verzweiflung über den Zustand dieser, unserer Welt. – Der Gedichtband „Wandloser Raum" (Luchterhand 1979) erschien wenige Monate vor dem Tod Ernst Meisters, der im gleichen Jahr, posthum, den Büchnerpreis erhielt. Wandloser Raum – eine Metapher der Grenzerfahrung, der Aufhebung des Lebens im Tod; die Sprache, aufs letzte reduziert, scheint sich ihrer selbst entäußern zu wollen. Meisters Gedichte sind mir seitdem besonders nah.

Hieroglyphen – so heißt das erste von Georg Scherers fünf Gedichten: die Natur umgibt uns mit Zeichen, die wir zu lesen verlernt haben. Die Gedichte sind teils unveröffentlicht, teils dem Gedichtband „Überfahrt" (Ludgerus 1979) entnommen, den Georg Scherer und ich gemeinsam geschrieben haben. – Lieder und Rufe nannte Jesse Thoor seine letzten Gedichte von 1952 (erstveröffentlicht in: Jesse Thoor – Die Sonette und Lieder (Schneider 1956): sie haben tatsächlich Rufcharakter, sind wie Rufe aus der Wüste. – Traumerfahrung durchzieht das gesamte Werk Ernst Meisters; die Gedichte fand ich in verschiedenen, damals vergriffenen Lyrikbänden (bei Luchterhand) und setzte sie als „Traumstücke" zusammen.

Die Gedichte des fünften Liederbuchs haben eines gemeinsam: sie übersetzen reale in mystische Welterfahrung. Wie in Träumen scheinen die Bilder unmittelbar und verschlüsselt, reflektionslos und hintersinnig, knapp und ekstatisch zugleich. In die Mitte genommen ist Jesse Thoor (1905-52), der mit seiner radikalen Wandlung vom Materialisten zum Mystiker wohl ein Grundphänomen der siebziger Jahre vorweg erlitten hat; Peter Hamm hat dies im Nachwort zu seiner Auswahl von Jesse Thoors Gedichten treffend dargelegt (Bibliothek Suhrkamp, Nr. 424). Unter dem Gesagten assoziiert die Vertonung, bei allen drei Autoren rasche emotionale Gegensätze: ruhig und bebend, gelassen und erregt, gefährlich und gutmütig, rauh und unbeholfen zart, robust und verletzlich zugleich – ich habe mir die Bewegung von Bären vor-gestellt (Kleists Marionettentheater), und dies hat auch die ungewöhnliche Wahl des Begleit-instruments (Kontrabass) ausgelöst.

Sechstes Liederbuch

Auf Ivan Golls Gedichtband „Malaiische Liebeslieder" (Langewiesche 1967/1980), der Verse in deutscher und teilweise französischer Sprache enthält, machte mich die Sängerin Emmy Lisken aufmerksam. Den Plan, die sieben Gedichte daraus zu vertonen, trug ich lange mit mir herum; aber erst in der Koppelung mit Ingeborg Bachmanns Gedichten entstand schließlich das Spannungsfeld eines Liebesliederbuchs, in dem sich die ungebrochene

Liebesleidenschaft (Goll) und die gebrochene (Bachmann) wie Pole zueinander verhalten, und so ergab sich eine Zweisätzigkeit. Die Bachmann-Gedichte entnahm ich dem Zyklus „Lieder auf der Flucht", der den berühmten Gedichtband „Anrufung des großen Bären" beschließt (Piper 1956).

In den Malaiischen Liebesliedern findet Ivan Goll, der als Expressionist begann, zu einer Bildersprache, die ähnlich wie Paul Gauguin in seinen Südseebildern, eine neue, sinnliche Naivität und Unmittelbarkeit anstrebt. Die Lieder auf der Flucht umwarb ich im Grunde schon seit fünfundzwanzig Jahren. Zunächst erschien mir Ingeborg Bachmanns Werk durch Henze besetzt; aber dies täuscht; Henze hat von den Gedichten der Bachmann nur ganz wenige vertont. Wer es versucht, muss erleben, dass sie sich dem entwindet. Meine lange Annäherung war schließlich zärtlich und gewaltsam zugleich, ein Liebesversuch. Liebe, nein eher der Verlust von Liebe war Ingeborg Bachmanns zentrales Lebensthema; ich hoffe, nicht nur sechs Gedichte, sondern ein Portrait geschrieben zu haben. „O Leiden, die unsere Liebe austraten, / ihr feuchtes Feuer in den fühlenden Teilen! / Verqualmt, verendend im Qualm, geht die Flamme in sich." Wer die Aussagen von 1956 bedenkt, kann nicht umhin, die Zeit danach und den Verbrennungstod von 1973 mitzubedenken.

Siebentes Liederbuch

„Juniabschied" nennt Rolf Haufs seinen neuen Gedichtband (Rowohlt 1984); für ihn erhielt der 1935 in Düsseldorf geborene Autor den Bremer Literaturpreis. Die sechs ausgewählten Gedichte sind gezeichnet von Lebens- und Sterbensangst; sie benennen die Abschiede, die uns in einer von Krieg und Giften bedrohten Welt bevorstehen. Aber trotz aktueller Bezüge sind „die Wörter wie in Wassertiefe" – die neuen Abschiede betreffen zugleich die uralten, letztlich den Paradiesverlust. Die Gedichte haben für mich die Klimax von Alpträumen: Wut und Ohnmacht, Zartheit und Aggression, Groteske und Schwermut, Rettung und Untergang liegen dicht beisammen und schlagen ineinander um. Es überraschte mich sehr, in den 1984 entstandenen Gedichten meiner Frau Ursula die gleichen thematischen Bezüge zu entdecken. Engelgeäst - das ist auch eine Metapher für den Essigbaum in unserem Garten, der letzten Sommer auseinander brach: die uralten Verluste werden

zu konkret gegenwärtigen Bildern, und dabei fallen reale und mythische Ebene in eins. Die Gedichte haben offene Formen – aber meine Frau erlaubte
mir, ihnen Teile, auch nur Bildsplitter entnehmen zu dürfen, um so das Frag-
mentarische, das Bruchstückhafte mit der Vertonung extrem verstärken zu
können. So hat das siebente Liederbuch in meiner Vorstellung die Form eines
zersplitterten Flügelaltars angenommen.

Gesammelte Gedichte

Konzerte mit neuen Liederbüchern und Ausstellungen mit neuen Bildern – das ist es, was ein paar Menschen von mir erwarten; daß ich „Gesammelte Gedichte" vorlege, wird selbst Freunde überraschen. Zwar habe ich hier und da Gedichte veröffentlicht – aber erst jetzt, im sechzigsten Lebensjahr, ist mir der innere Plan aufgegangen, nach dem sie sich entfaltet haben.

So ergab sich das „Siebenbuch" nun fast zwanglos, und von ihm aus die Aufteilung des Ganzen in elf mal neunundvierzig Gedichte. Vier Gedichtbände bilden das „Frühbuch", das – durch Stadien der Pression hindurch – eine Entwicklung vom Ende der fünfziger in die frühen siebziger Jahre aufzeigt, wobei von 1968-71 kein Gedicht entstanden ist.

Im „Siebenbuch", das vor allem die Gedicht der siebziger und achtziger Jahre enthält, sehe ich formal wie inhaltlich ein Assoziationsfeld von Analogien und synästhetischen Beziehungen erreicht, das ich zur Zeit nicht zu steigern vermöchte. In sieben mal sieben mal sieben Gedichten sind die sieben Grunderfahrungen thematisiert, die meine Existenz bestimmt haben: die Erfahrung der Hörens, Sehens, Schreibens – und in sie eingebettet die Erfahrung der Zeit, der Liebe, der Natur, der Nacht und des Traums. Im Detail wie im Ganzen sind die sieben Existenzbereiche wie musikalisches Material verfugt: sie öffnen sich zueinander und setzen sich eines im anderen fort. Komponiert ist ein Wechselspiel von geschlossener und offener Form, das zudem in den beiden anderen Medien weitergeht und nicht bei sich selbst bleiben will.

Als Bedingung für meine Gedichte, vor allem für das Siebenbuch und seine kosmische Konstellation, erkenne ich heute das Warten. Früh vom Kulturbetrieb vereinnahmt – denn ich mußte von ihm leben – habe ich als Komponist lernen müssen, mich wieder aus ihm zu befreien. Mit den Gedichten ist es mir gelungen, ihn unbemerkt zu unterlaufen – und so denke ich, daß sie weniger den Tag als die Zukunft für sich haben.

‚Mein Siebenbuch', so hat Oskar Loerke rückblickend die sieben Gedichtbände genannt, die er im Lauf seines Lebens herausgab – indem ich seine Wortbildung aufnehme und sie zu meinen Konsequenzen führe, verneige ich mich zugleich vor dem großen, fast vergessenen Dichter.

Zur Entstehung der Gesammelten Gedichte

Als ich 1963 nach Möglichkeiten sann, aus dem Kulturbetrieb auszusteigen, begann ich in der Not erneut, Gedichte zu schreiben; ich begriff: sie waren der kreative Freiraum, der unvereinnahmt geblieben war und den es zurückzugewinnen galt. So entstanden „Traumschutt" und „In der Kelter", die ersten Teile eines Frühbuchs, und das Erfinden von Metaphern blieb seitdem eine existentielle Forderung, obwohl sich die Lebensumstände zu ändern begannen: 1964 trat ich eine Stelle als Kompositionslehrer am Dortmunder Konservatorium an, und 1965 meldete sich das Kulturministerium NRW; es war dort aufgefallen, dass ich in den Jahren zuvor dreimal vergeblich für den Förderpreis des Landes vorgeschlagen war. Nun bot man mir eine Hochschulstelle in Essen an, um die ich mich dann offiziell bewarb und die 1971 in eine Professur umgewandelt wurde. Die Umpolung von der Theaterpraxis zur Hochschulvermittlung dauerte natürlich Jahre; aber ich hatte mich entschieden und schlug verlockende Theaterengaments aus, so die Stelle des Chefdramaturgen am neugegründeten Musiktheater im Revier, so das Angebot Erwin Piscators, zu ihm nach Berlin, so das von Peter Palitzsch, zu ihm nach Stuttgart zu kommen. Trotzdem ließ mich das Theater nicht los, nahm ich Schauspielaufträge weiter wahr sowie ab 1968 auch den Auftrag, eine Klasse für Schauspielmusik an der Folkwang-Hochschule aufzubauen. Erst 1972 zog ich mich vollends aus allen Theaterverwicklungen zurück, und ich habe seitdem jeden Auftrag verweigert.

Dass ich damals wenig komponierte, lag jedoch nur zum Teil an den beruflichen Konstellationen, viel mehr jedoch an den künstlerischen Umbrüchen der Nachkriegszeit, in die ich hineingeboren wurde, am Wandel von der Moderne zur Postmoderne. Das Umschlagen von determinierten zu indeterminierten, aleatorischen Kompositionsweisen, von der Abstraktion zum Action painting, zu Fluxus und Happening, schließlich das Einwirken solch ästhetischer Veränderungen auf die Nachkriegsgesellschaft, vor allem auf die Studentenrevolution, in die ich nun als Hochschullehrer, vor allem seit Gründung der Gesamthochschulen in NRW und schließlich als Dekan des großen Essener Fachbereichs „Kunst, Design, Musik" involviert war – all dies wurde zu einer komplexen Herausforderung, die es realiter, aber letzthin künstlerisch zu bewältigen galt. „Kunst, das war eine spätbürgerliche Erscheinungsform, man kann sie nicht mehr machen, sondern allenfalls darüber nachdenken, was sie einmal bedeutet hat", so sagten damals die Fachkollegen; und Enzensbergers Ausspruch, das Gedicht sei endgültig tot, war zunächst nicht zu widerlegen und ließ auch mich wieder verstummen.

Am Punkt der höchsten Anspannung aber – es war das Jahr 1972 – platzte in mir eine Art Knoten: von nun an entstanden Gedichte in einer unablässigen Folge bis heute; und von ihnen ließ ich mich führen, auf einen Weg hinaus aus der ‚Moderne‘. Zuerst noch waren sie zornig, hatten zu viel vom Atem der Zeit; doch mehr und mehr wurden sie gelassener, durchlässiger, dichter, und ich feilte an ihnen, ohne sie öffentlich vorzuzeigen. Dass in ihnen ein Plan verborgen war, der in Form und Inhalt einer spiegelsymmetrischen Ordnung zustrebte, entdeckte ich erst gegen Ende der achtziger Jahre, und die endgültige Zuordnung geschah erst, als der Bitter Verlag Recklinghausen das Siebenbuch (1991) und das Frühbuch (1992) erstmal veröffentlichte. In ihrer Entstehung haben sich beide Bücher überschnitten: das Frühbuch entstand, mit der Verstummenspause, von 1963 - 75, das Siebenbuch von 1972 - 90. Im Klappentext wurde das Frühbuch mit folgenden Worten angekündigt: „In viermal neunundvierzig Gedichten bahnt sich das Frühbuch einen Weg durch die Nachkriegszeit: Es sucht sie zu unterwandern, droht in ihr zu scheitern, kündigt ihre Überwindung an. Die Bände „Traumschutt" und „In der Kelter" entstanden noch im Widerstand gegen den Kulturbetrieb, in den sich der Autor als Komponist zunehmend verwickelt sah. Von 1967 - 72 entstanden keine Gedichte – dann aber setzt eine Art Durchbruch ein: in „Verloren die Form" wird das Gedicht buchstäblich zurückerobert – in „Alpha" öffnet es sich auf das Siebenbuch zu, das sich zeitgleich zu entfalten beginnt. Frühbuch und Siebenbuch verhalten sich zueinander wie Pfeil und Kreis – und das eine scheint sich im anderen zu erfüllen. Ein Spätbuch soll die jetzige Konstellation jedoch in ein Triptychon überführen."

Mit der typographischen Gestaltung der beiden Bücher konnte ich damals nicht einverstanden sein; um Kosten zu sparen, stellte der Verleger die Gedichte teils um und zog ihre Verseinheiten so zusammen, dass möglichst zwei von ihnen auf eine Seite passten, was den Gedichten ihre Ruhe genommen und die Konzeption beider Bücher verunklart hat; sie leuchtet erst ein, wenn die beiden Gedichte, die miteinander zu tun haben, sich Seite für Seite gegenüberstehen. Denn dann komplementieren sie einander so, dass sich der betrachtende Leser in der Vielfalt des Ganzen doch immer auf Teilzusammenhänge konzentriert sieht; zudem kann er erst so die Qualität von musikalischen Abfolgen und die immer mitkomponierte Stille des weißen Umraums erfahren.

Als ich 1990 daran ging, die ‚Gesammelten Gedichte‘ zu ordnen, zunächst das Siebenbuch, dann erst das Frühbuch, blieben siebzig Gedichte aus den sechziger und siebziger Jahren übrig, die mir zum einen unfertig, zum andern zu zeitverhaftet erschienen. Sie verschwanden in einer Werkstattmappe, die ich immer wieder hervorholte, um verbesserte Lösungen zu finden. So entstand schließlich ein fünfter Band von sieben mal sieben Gedichten, den ich „Fort von wo“ nannte und ihn in die Mitte des Frühbuchs rückte; dort dokumentierte er nun noch deutlicher die damalige Umbruchszeit. Die Erweiterung des Frühbuchs hatte für mich jedoch strategische Folgen, und zwar im Hinblick auf das spiegelsymmetrisch angekündigte Spätbuch. Nachdem der Bitter Verlag in den neunziger Jahren in Konkurs ging und damit die Rechte aller Gedichte an mich zurückfielen, gewann ich nunmehr Zeit, auch für das Spätbuch 5 mal 49 zu planen. Zu Beginn des Jahres 2006 hatte ich diese Zahl allerdings um weitere 49 überschritten; und so bot sich als neue Überlebenschance an, nun auch den Band Jugendgedichte durch einen Band Altersgedichte zu komplementieren; und so sah ich damals mein lyrisches Gesamtwerk die Form eines beidseitig spiegelsymmetrischen Flügelaltars annehmen: Aufgeklappt bildeten Frühbuch, Sieben- und Spätbuch die vordere – Jugendgedichte, Nonnensense und Altersgedichte die rückwärtige Seite. Oder in Zahlen ausgedrückt: vorderseitig 245 + 343 + 245 = 833; hinterseitig 111 + 111 + 111 = 333 Gedichte. Das mag aufs erste als Marotte erscheinen, aber so habe ich gelernt und es bei Bach, Webern und Bartok studiert, Details und größere Zusammenhänge miteinander zu komponieren.

Der Konkurs des Bitter Verlags, der für mich zunächst ein Fiasko bedeutete, erwies sich für die Gedichte aber als Glück: 2007 entschloss sich der Rimbaud Verlag Aachen, mein gesamtes lyrisches Werk zu verlegen, und dort sind meine synästhetischen Vorstellungen seitdem wie nirgend anderswo ideal aufgehoben. Allerdings konnte Rimbaud mein spiegelsymmetrisches Konzept aus verkaufstechnischen Gründen so nicht übernehmen. Seit 2008 erscheinen die Gedichte, chronologisch geordnet, nunmehr in Doppelbänden und sie sind, vom Verlag und vom Verlagsecho beflügelt, bis zum Jahr 2017 auf 19 Doppelbände angewachsen. Wer sich mit ihnen insgesamt auseinandersetzt, wird die untergründige Entstehungsspur wohl entdecken: sie erscheint mir nun als ein Netz von Strömen und Flüssen, die zum Ende hin in ein offenes Delta mündet.

Musik: Expression oder tönend bewegte Form?

Was war einmal und was ist heute alles unter Musik zu verstehen? Diese Frage scheint uferlos, zumal die meiste Musik, die je erklang, aber auch die, die heute erklingt, nicht schriftlich aufgezeichnet, sondern improvisiert ist. In unserer Medienwelt sind wir vorwiegend von U-Musik umgeben, von Schlager- und Pop-, von Folk-, Jazz-, und Rockmusik – und die Einschalt- und Absatzquoten zeigen, dass die überwiegende Mehrzahl der Menschen sich in diesen Formen von Unterhaltungssounds wohl und zu Hause fühlt, während sie die E-Musik, ob barock, klassisch oder modern, einfach abschaltet. Louis Armstrong, Jimmy Hendrix, Michael Jackson oder auch Dieter Bohlens Superstars würden Musikkonsumenten dieser Art jedenfalls weitaus atmosphärischer und expressiver finden als Corelli, Beethoven oder Strawinski. Bei einer Künstlertagung wie dieser kann es um solche atmosphärischen Erscheinungsformen ja wohl nicht gehen, obwohl sie, bis hin zum Kitsch, auch in der Kunst immer unterschwellig vorhanden sind. Vielmehr geht es darum, zu erkunden, wie eine künstlerische Aussage, wie eine geistige Idee auch sinnlich zu vermitteln ist.

Darüber haben die Menschen schon seit tausenden von Jahren nachgedacht; unsere europäische Kultur hat dieses Gedankengut vorwiegend aus dem antiken Griechenland übernommen. Für die Griechen bedeutete der Begriff „Musiké" die Einheit von Musik, Sprache und Bewegung oder, anders gesagt, die Einheit von Tönen, Worten und Rhythmen – und um diese Einheit professionell zu erlernen, musste man drei Disziplinen studieren: die Tonkunst, die Mathematik und die Rhetorik, die Redekunst. Der griechische Musikforscher Thrasybulos Georgiades, der von 1907 - 1977 lebte und in München ein Schüler von Carl Orff war, hat es, im Hinblick auf das „Orffsche Schulwerk", noch plastischer formuliert: „In der Antike bildeten „das autonome Element der Musik und das bedeutungsbedingte Element der Sprache eine unzertrennliche Einheit". Dass die griechische zum Fundament einer europäischen Musiklehre geworden ist, verdanken wir dem römischen Staatsmann, Philosophen, Mathematiker und Musiktheoretiker Boethius. In seinem fünfbändigen Werk „De Institutione Musicae", das zwischen 500 und

507 entstanden ist, beruft er sich auf die Schriften von Platon, Aristoteles und vor allem auf Ptolemäus, und er schreibt hier den für die europäische Musikgeschichte folgenschweren Satz: „Die Musik ist die Fähigkeit, die Unterschiede zwischen hohen und tiefen Tönen sowohl durch Sinneswahrnehmung als auch durch Vernunfterkenntnis genau zu erwägen."

Dass der Musiker im antiken Griechenland durch das Studium der Rhetorik zu lernen hatte, wie man die Hörer unmittelbar anspricht und ergreifen soll, das ist wohl eine fundamentale Erkenntnis. Die Römer haben die Prinzipien der Redekunst von den Griechen übernommen und ja dann so ausgefeilt, dass sie auch heute noch gültig sind. Am Anfang steht die Sammlung des Stoffes (die inventio), dem folgt die Gliederung (die dispositio), dann beginnt die stilistische Ausgestaltung (die elocutio); vor dem Vortrag (der actio) soll jedoch die Aneignung erfolgen (die memoria): denn nicht die Leser, sondern die Hörer sollen erreicht werden, und deshalb muss zum einen geübt werden, wie Hemmschwellen abgebaut und der Ausdruck zu steigern ist, vor allem aber müssen auch Möglichkeiten bedacht werden, wie man sich vom Text lösen und spontan reagieren kann.

Boethius hat uns auch die Tonleitern, die Modi überliefert, nach denen die Griechen sangen und musizierten; sie haben, als Kirchentonarten bezeichnet, die europäische Musikentwicklung bis über das Mittelalter und die Frührenaissance hinaus bestimmt, ehe sie zum Ende des 16. Jahrhunderts in einem neuen Tonsystem aufgingen: im Dur-Moll-System. Die Lehre unterscheidet vier Hauptmodi (die authentischen) und vier Nebenmodi (die plagalen); alle bestehen, wie auch die späteren Dur-Moll-Leitern, aus zwei Tetrachorden; aber alle acht unterscheiden sich dadurch, dass ihre Ganzton- und ihre Halbtonfortschreitungen verschieden sind, und dadurch gewinnt jeder Modus einen ganz eigenen Charakter: entscheidend dabei ist vor allem, ob die Sekunden, Terzen und Sexten groß oder klein sind. So sind beim mixolydischen Modus auf g sowohl die Terz als auch die Sext groß, was ihn hell und freudig macht (Beispiel: Veni creator spiritus). Dagegen hat der Modus dorisch eine kleine Terz und eine große Sext, was ihm einen kraftvollen Charakter verleiht (Beispiele: O Heiland reiß die Himmel auf; Christ ist erstanden). Gedrückt und klagend erscheint der phrygische Modus: bei ihm sind sowohl Sekunde und Terz wie auch die Sext klein (Beispiel: O Haupt voll Blut und Wunden). Diese einfachen Beispiele mögen genügen, um wahrzunehmen, wie die elementaren Bausteine der Modi mit der bedeutungsbedingten Sprache eine sinnvolle Einheit zu bilden vermochten.

Nun hatte man zwar ein System der Tonhöhen, aber keines der Tonlängen. Das Problem entstand zwangsläufig mit der Entwicklung der Mehrstimmigkeit: wie sollte man die verschiedenen Verläufe der Stimmen zeitlich synchronisieren? Auch hier bot sich ein rhetorisches System der Antike an, nämlich ihre Verslehre: man begann die Noten nach griechischen Versmaßen zu bemessen und benutzte dazu die folgenden sechs: 1. den Trochäus (lang – kurz) / 2. den Jambus (kurz - lang) / 3. den Daktylus (lang – kurz – kurz) / 4. Den Anapäst (kurz – kurz – lang) / 5. den Spondeus (lang – lang) und 6. den Pyrrhichius (kurz – kurz). Man kombinierte die Versmaße über einem lang angehaltenen Cantus firmus: in den vierstimmigen Organa von Perotin kreisen so drei Oberstimmen über dem Fundament des Cantus - und dabei bietet sich der synästhetische Vergleich mit den Fensterrosetten von Notre Dame in Paris unmittelbar an; denn Perotins Organa sind zeitgleich mit ihnen Ende des 12. Jahrhunderts entstanden. Sein Organum „Sederunt principes" erlebte seine Uraufführung am St. Stephanustag 1199: für die Hörer muss es damals eine Unendlichkeitserfahrung gewesen sein. Perotins Organa gelten als der erste große Höhepunkt abendländischer Mehrstimmigkeit.

Fünfzig Jahre später, um 1250, wird die Mensuralnotation erfunden, und damit beginnt eine Übergangszeit, die durch ein wildes Experimentieren mit den neuen Notenwerten gekennzeichnet ist. Dagegen veröffentlicht im Jahre 1320 der junge, vielfach begabte Johannes de Vitry eine Streitschrift, die er Ars nova nennt; in ihr bezeichnet er alle bisherige Musik als Ars antiqua; und er fordert, dass die Musik sich endlich von der Vorherrschaft der Sprache befreien und zu Formen einer autonomen musikalischen Gestaltung finden muss. Diese sieht er in einem Verfahren verwirklicht, das alle Stimmen einer Komposition, ohne Rücksicht auf den sprachlichen Verlauf, in ein Rhythmusgeflecht einbindet – und er wird zugleich zum Erfinder dieser ersten eigenständigen Musikstruktur, der isorhythmischen Motette nämlich, die dann, als neues serielles Verfahren, die Musik des 14. und beginnenden 15. Jahrhunderts beherrscht, also die Zeit der Spätgotik und Frührenaissance. Von de Vitry sind nur wenige Kompositionen erhalten geblieben; das mag daran liegen, dass er später zum Bischof geweiht wurde und ein Bistum zu verwalten hatte. Als der überragende Hauptmeister des 14. Jahrhunderts gilt

Guillaume de Machault, der von 1300-1377 gelebt hat. Von ihm hören wir das Agnus Dei aus der Messe Nostre Dame, die 1364 zur Krönung Karls V. in der Kathedrale zu Reims erstmals erklungen sein soll. Sie ist die erste konsequent durchkomponierte Messe der Musikgeschichte; jeder Teil der Messe ist in allen vier Stimmen rhythmisch gleich konstruiert, aber dabei melodisch immer verschieden gestaltet – und wenn ich das so sage, dann erinnert dies an die serielle Kompositionstechnik des 20. Jahrhunderts: sie interpretiert nicht den Text, sondern ist in der Tat reine, tönend bewegte Form.

Man kann dieses Zeitalter der isorhythmischen Kompositionsweise durchaus mit dem der abstrakten Kunst im 20. Jahrhundert vergleichen; tatsächlich ist diese Musik ja auch erst seit den zwanziger Jahren wiederentdeckt und überhaupt erst entschlüsselt worden. Stellen wir uns die Entwicklung der europäischen Musik einmal in großen Schüben vor: um 600 haben wir von der Antike ein einstimmiges Melodiesystem übernommen; da entsteht zum Beispiel der Gregorianische Choral – um 900 beginnen in den Klöstern die ersten Versuche, mehrstimmig zu singen – um 1200 ist ein erster Höhepunkt der Mehrstimmigkeit erreicht, aber mit einem System, das eigentlich als Melodiesystem erfunden wurde und deshalb dem Auffinden eines Harmoniesystems viele Widerstände bot. Wohl deshalb beginnt der Durchbruch der Musik zur Renaissance erst im 15. Jahrhundert, etwas später als in den anderen Künsten, und hat seinen Höhepunkt um 1500 in der großartigen Polyphonie der Niederländer Ockeghem und Josquin des Prez: in dieser Polyphonie gelingt der vollkommene Ausgleich des überkommenen Liniensystems mit einem Harmoniesystem, das die alten Modi unterwandert und in dem sie dann untergehen: im Dur-Moll-System. Dies hat dann seinen Höhepunkt 300 Jahre später erreicht, mit der Wiener Klassik um 1800, also mit Mozart und Beethoven. 900 – 1200 – 1500 – 1800: da ergäbe sich ein Zyklus von 300 Jahren - und wenn das so stimmt, müssten wir folgern, dass wir heute keinen Zenith der Musikgeschichte erleben. Wir leben in einer Zeit der Umbrüche, und vielleicht sollten sie uns ja viel mehr angehen: die Umbrüche zu Neuem haben ja auch ihren Zyklus: nach 1000 der Beginn der Notenschrift – nach 1300 die erste autonome Kunstmusik, die Isorythmie – nach 1600 der Durchbruch von der Polyphonie zur Homophonie, von einem Liniensystem zu einem Akkordsystem, zum Dur und Moll – nach 1900 der Ausbruch aus diesem System. Aber die Frage ist ja, ob unsere Kultur diese Zyklen noch fortzuführen vermag.

Der Weg durch die Polyphonie ist eine wundervolle, aber zu lange Geschichte; machen wir lieber gleich den Sprung in die Umbruchzeit um 1600. Da hat sich das Dur-Moll-Empfinden so durchgesetzt, dass mit einem Male das lineare Denken in polyphonen Linien umschlägt in ein vertikales Denken in homphonen Akkorden, die man nun in Ziffern unter einem Bass ausdrücken kann: das Generalbass-Zeitalter beginnt, wie man in der Musik die Barockzeit nennt; es endet etwa 1750, mit dem Todesjahr Bachs.

Aber was hatte dieser um Umbruch 1600 für Folgen? Das melodische Element, das in der Polyphonie in ein Liniengeflecht eingebunden war, das von der Musik bestimmt wurde und weniger vom Wort – es sah sich nun, über diesem Extrakt der Akkorde, völlig freigesetzt: es wurde zum alleinigen Ausdrucksträger, und das bedeutete für die Vokalmusik, dass sich das Verhältnis von Musik und Sprache umkehrte: war bei der Kunst der musikalischen Linien „die Musik nicht Dienerin, sondern die Herrin des Wortes", so wird nun „die dichterische Rede die Herrin der Musik".

So hat es Claudio Monteverdi, das musikalische Genie dieser Umbruchszeit, seinen Zeitgenossen erklärt. Monteverdi lebte von 1567 - 1643; in den frühen Jahren seines Wirkens war er der Zeitgenosse von Palestrina und Orlando di Lasso und schrieb wie sie noch polyphon; um 1600 vollzieht er dann als einer der ersten den Sprung in die neue Kompositionstechnik, und seitdem unterteilt er sein Schaffen in eine erste und eine zweite Schreibweise – in die prima prattica und die seconda prattica, und seinen neuen, affektgeladenen Stil nennt er „Stile concitato: den erregten Stil. Mit seiner ersten Oper „Orfeo" gelang ihm 1607 auf Anhieb ein Meisterwerk an musikdramatischer Gestaltung, und seitdem gilt er als der eigentliche Schöpfer dieses neuen Genres. 1624 wurde sein „Combattimento di Tancredi et Clorinda" (der Kampf zwischen Tankredi und Clorinda) nach einem dramatischen Gedicht von Torquato Tasso in Venedig uraufgeführt; es ist geradezu ein Schulbeispiel für Monteverdis neuen Stile concitato. Die Hauptpartie ist der Erzähler (ein Tenor); Tancredi ist ein christlicher Ritter, Clorinda eine Sarazenin, als Ritter verkleidet.

Diese Musik drückt in hohem Maße Gefühle aus, sie ist erregt, zornig, aggressiv, kann aber ebenso plötzlich innehalten, betroffen sein, mitleiden,

Schmerz empfinden – und sie vermag dies in einem raschen Wechsel unterschiedlicher Gefühle: sie ist temperament- und affektgeladen. Temperament und Affekt: das sind zwei Begriffe, die in der Musiklehre des 17. und 18. Jahrhunderts, seit Monteverdi, nun eine Hauptrolle spielen. Es gab sie natürlich schon früher: so geht auf Hippokrates, der 377 v. Chr. starb, die Lehre zurück, die Mischung der Körpersäfte nach den vier Temperamenten zu ordnen: der Sanguiniker (von sanguis – das Blut) ist erregbar und aktiv, seine Anteilnahme ist leicht zu wecken, lässt aber auch rasch nach. – Der Phlegmatiker (von phlegma – der Schleier) ist dagegen langsam, behäbig und schwer aus seiner Ruhe zu bringen. – Der Choleriker (von cholos – weiße Galle) ist leidenschaftlich, aufbrausend, zum Jähzorn neigend. – Und schließlich gilt der Melancholiker (von melas cholos – schwarze Galle) als schwermütig, nachdenklich, leidensfähig.

Schon im Mittelalter hatte es den Vorschlag gegeben, diese vier Temperamente den vier authentischen Kirchentonarten zuzuordnen, so die Melancholie dem phrygischen Modus mit den kleinen, abwärtsneigenden Intervallen. Nun aber gewinnen die Affekte für die neue Sprache des Dur und Moll einen ganz anderen Stellenwert; im Laufe des 17. Jahrhunderts entwickelt sich eine Affektenlehre, eine Lehre davon, wie die Musik Gemütsbewegungen, Leidenschaften und Temperamente zum Ausdruck bringen kann - und es wird in manchen Lehrbüchern sogar verlangt, dass der Komponist daran arbeiten müsse, alle vier Temperamente in sich zu entwickeln, um sie glaubwürdig gestalten zu können. Jedes Gefühl, so heißt es da, lässt sich zum Affekt steigern: Freude, Angst, Wut, Trauer, Entrüstung, Ekel, Hass, Begeisterung. Und aus der neu gewonnenen Erfahrung, Gefühle komponieren zu können, entsteht nun im Barock eine Lehre, wie man die Gefühle durch bestimmte Figuren abrufen kann: eine Figurenlehre.

Dies ist im Grunde eine Lehre, die nun wirklich nach den Regeln der Rhetorik vorgeht. In den Kompositionslehren des 17. und 18. Jahrhunderts werden mehr als 100 solcher Figuren vorgestellt. Die Romantiker, die das Barockzeitalter mit den Ohren ihrer Zeit wieder entdeckten, wussten von diesen Regeln nichts. Erst die Musikforschung des 20. Jahrhunderts hat das System der Figuren und Zeichen erkannt, nach denen Komponisten wie Schütz, Bach und Händel tatsächlich komponiert haben. Albert Schweizer wies als erster in Bachs Vokalwerken „zwanzig bis fünfundzwanzig Elementarthemen“

nach, in denen „fast alle charakteristischen Ausdrücke wurzeln, die durch regelmäßige Wiederkehr in den Kantaten und Passionen auffallen." Heute spricht man nicht mehr von Figuren, sondern man nennt diese bedeutungserfüllten Zeichen, die an die Rhetorik gebunden sind, Klang-Sinnbilder oder Klangsymbole.

Wir hören ein Beispiel von Johann Sebastian Bach, das er 1707, mit 22 Jahren Jahren, komponiert hat, als er Organist an der Blasiuskirche in Mühlhausen war. Dort hat er es nur ein Jahr ausgehalten: die Gemeindemitglieder und die Geistlichen lagen im Streit miteinander, die einen waren Pietisten, die anderen Lutheraner; der Lutheraner Bach fand nicht die Möglichkeit, seine musikalischen Anliegen durchzusetzen. Aber er schrieb hier die erste von seinen 200 erhaltenen Kantaten, die auf Anhieb ein Meisterwerk ist; die Kantate „Christ lag in Todesbanden" BWV 4. Ihr zugrunde liegt Martin Luthers gleichnamiges Lied, dessen sieben Strophen Bach in sieben Variationsfolgen komponiert hat. Wir hören die erste Strophe; dort durchzieht Luthers Melodie als Cantus firmus einen 4-stimmigen Chorsatz, und vielleicht ist in dem trotzigen Rhythmus dieser Strophe Bachs Unmut über den Streit und sein Bekenntnis zu Luther herauszuhören. Die Kantate kam, so die Bachforschung, erst 1714 zur Aufführung. Hier zunächst einmal das Lutherlied: (Vorsingen) es ist melodisch wie textlich eine Art Umdeutung des katholischen „Christ ist erstanden", und es steht wie dieses, im dorischen Modus. Aber was macht Bach nun daraus?

Er durchschreitet für die erste Strophe vier Ausdrucksstufen: Zunächst beginnt er mit einer kurzen Sinfonia für Streicher, die nicht dorisch ist, sondern ein Moll mit vielen Halbtonfortschreitungen der Sekunden und Sexten: es sind die Todesbande. Dann beginnt der Sopran in ganz langen Notenwerten den Cantus firmus, der später von den Unterstimmen übernommen wird: es ist, trotz des bewegten Rhythmus weiter ein Moll, aber bevor das Wort „fröhlich" auftaucht, beginnt es lebhafter und heller zu werden und schließlich bricht das Halleluja, fast tanzend, in einen Osterjubel aus. Die Wirkung ist unglaublich, aber sie ist genau nach den rhetorischen Gesetzen der Figurenlehre komponiert, die Bach schon als Jugendlicher so vollkommen beherrschte.

Als Johann Sebastian 1750 stirbt, hatte bereits eine neue Zeit begonnen, an deren Entwicklung seine Söhne maßgeblich beteiligt waren, vor allem Carl

Philipp Emanuel, den der Vater zum besten Cembalisten seiner Zeit ausgebildet hatte; Friedrich der Große ernannte ihn zu seinem Kammercembalisten, und als solcher veröffentlichte er 1753 ein Buch, das immer neue Auflagen erzielte und das jeder Musiker bis weit ins 19. Jahrhundert hinein gelesen haben musste; es hieß: „Versuch über die wahre Art das Clavier zu spielen", und da schreibt er. „Entscheidend für diese Fähigkeit ist, „musikalische Gedanken nach ihrem wahren Inhalte und Affect singend oder spielend dem Gehör empfindlich zu machen", und er spricht von dem „redenden Stil" seiner Klaviermusik, von einer Sprache der Empfindung. Zu dieser Zeit begann das Klavier, das nun einen ganz neuen, sensibilisierten Anschlag ermöglichte, das Cembalo zu verdrängen. Im Jahr 1753 erschien auch Gottfried Krauses Abhandlung „Von der musikalischen Poesie"; da wird Musik als die „genaue Abbildung der Herzensempfindungen" bezeichnet, und Krause fordert: „Nicht der Vernunft, sondern den Empfindungen steht das ästhetische Urteil zu." Das Zeitalter der Empfindsamkeit hatte begonnen, als dessen Höhepunkt 1774 Goethes Briefroman „Die Leiden des jungen Werthers" erschien. Ohne die Zeiten der Empfindsamkeit und des „Sturm und Drang" sind die Gipfelpunkte der Wiener Klassik und die poetische Welt der ihr folgenden Romantik nicht zu denken.

Expression oder tönend bewegte Form? Was unser Thema angeht, so hat Beethoven es wohl am entschiedensten auf den Punkt gebracht. 1770 geboren und 1827 gestorben, ist er zum einen der Vollender eines klassischen Formwillens, der sich ganz auf das innermusikalische Material konzentriert und es gleich einer Architektur durchgestaltet – zum anderen hat er dieses Prinzip durchbrochen und mit außermusikalischen Vorstellungen das Tor zur Romantik aufgestoßen. Hierfür war der 22. Dezember 1808 wohl ein denkwürdiger Tag: da wurden in Wien unter Beethovens Leitung die 5. und die 6. Sinfonie zusammen uraufgeführt, und zwischen ihnen spielte er selbst sein 4. Klavierkonzert G-Dur. Die 5. Sinfonie c-moll op. 67 ist eins seiner formstrengsten und zugleich leidenschaftlichsten Werke; um diese Spannung zustande zu bringen, hat er an ihr über drei Jahre gearbeitet. Zugleich hat er 1807 seine 6. Sinfonie F-Dur op. 68, die sogenannte Pastorale begonnen, in der er die Form lockert und sie zu außermusikalischen Inhalten hin öffnet. Dort heißen die Sätze nun: Szene am Bach – Lustiges Zusammensein der Landleute – Gewitter, Sturm – Hirtengesang: frohe und dankbare Gefühle nach dem Sturm. Ist die Sechste also eine Programmsinfonie? Um nicht als Illustrator zu erscheinen, hat Beethoven freilich über die Partitur den Satz geschrieben: „Mehr Ausdruck der Empfindung als Tonmalerei". Aber er wollte unbedingt, dass diese beiden gegensätzlichen Möglichkeiten, über die er verfügte, zusammen zur Uraufführung gelangten. Und dieser denkwürdige Dezemberabend war denn auch der endgültige Durchbruch zu Beethovens Weltruhm, aber auch der Anlass eines Genrestreits, der sich bis zum Ende des Jahrhunderts hinzog.

Auslöser des Streits war der Wiener Kritiker Eduard Hanslick (1825-1904), der 1854 ein schmales Buch von 104 Seiten veröffentlichte; es heißt: „Vom Musikalisch-Schönen - ein Beitrag zur Revision der Ästhetik der Tonkunst". Hanslicks Anliegen war es, die Anschauung zu widerlegen, dass der „Zweck" der Musik darin bestehe, „Gefühle darzustellen", und er schreibt: „ihrer Natur nach hat Musik keinen Zweck und stellt nichts dar, sondern ist. Das Schöne hat überhaupt keinen Zweck, denn es ist bloße Form... Das musikalische Kunstwerk bringt keine Gefühle, keine Bildvorstellungen, keine Programme hervor, sondern nur die Gestaltvorstellungen, die Ideen, und die sind musikalisch autonom. Das musikalische Kunstwerk besteht in Klängen und Klangrelationen, das heißt aus Tönen, Melodien Harmonien, Rhythmen, also aus Formen; und diese Formen sind nicht leer, sondern sie sind sich von innen heraus gestaltender Geist. Das Komponieren ist ein Arbeiten des Geistes in geistfähigem Material. Analysieren, untersuchen, beschreiben lässt sich nur dieses Material." Und so heißt der lapidare Kernsatz von Hanslicks Schrift: „Tönend bewegte Formen sind einzig und allein Inhalt und Gegenstand der Musik."

Das war vor allem als Spitze gegen die sogenannte neudeutsche Schule gemeint, gegen die Programmsinfonien Franz Liszts, vor allem gegen Richard Wagner, in dessen Opern sich die Musik vollends der Wortausdeutung und der szenischen Darstellung unterwirft. Seine Vorstellungen sah Hanslick dagegen in den Sinfonien von Johannes Brahms verwirklicht. Wagner, Liszt und ihre Anhänger reagierten mit scharfen Gegenangriffen: sie nannten Brahms einen trockenen und einfallslosen Akademiker, und sie unterstellten Hanslick, er verstehe Musik nur als bloßes ornamentales Zusammenspiel und nannten ihn einen Formalisten, der „Musik als Tapetenmuster" ansehe. Wagner ging im ersten Entwurf seiner Meistersinger soweit, dem nörgelnden

Besserwisser den Namen Hans Lick zu geben; in der Endschrift hieß er dann schließlich Beckmesser; aber Hanslick wusste, dass er damit gemeint war.

In der Musikforschung wird dieser Streit unter den Begriffen Formaläsisthetik und Inhaltsästhetik diskutiert; und da wird denn auch die extreme Gegenmeinung vertreten: es gibt überhaupt keine Musik ohne außermusikalische Assoziationen. Das Kuriose war, dass beide Parteien, Brahmsianer wie Wagnerianer, sich auf das Vorbild Beethoven stützten und sich als seine legitimen Nachfolger sahen. Und ebenso kurios ist auch, dass schon wenige Jahrzehnte später, als das Dur-Moll-System ins Wanken geriet, Arnold Schönberg mit seinen Schülern Alban Berg und Anton Webern die von Brahms entwickelte Variationstechnik eingehend zu studieren begann, um sie mit Wagners Tristanharmonik schließlich in seiner Zwölftontheorie auf einen Nenner zu bringen.

Hören wir ein frühes Stück von Arnold Schönberg; mit ihm beginnen die 1909 komponierten Fünf Orchesterstücke op. 16, es ist das erste atonale Orchesterwerk, das überhaupt geschrieben wurde. Schönberg nennt es ‚Vorgefühle‘, aber er sagt nicht, auf was. Sicher ist die Erwartung auf Kommendes gemeint; später hat man die expressionistische Sprache als Vorausahnung der kommenden Weltkriegskatastrophe gedeutet. Ich selbst habe meinen Studenten eins der Aquarelle Kandinskys gezeigt, das er um 1909 in Murnau malte, und es sie so lange beschreiben lassen, bis sie vor allem herausfanden: dass es keinen Bildmittelpunkt mehr gibt und dass alle Farben und Formteile von der Mitte weg an die Ränder fliehen. Nach einer halbstündigen Bildbetrachtung haben sie Schönbergs „Vorgefühle“ kommentarlos verstanden.

Schönberg hat als erster diesen kompromisslosen Schritt in die Atonalität getan; nach dem Krieg verstummte er, rang um seinen jüdischen Glauben, fand in den zwanziger Jahren sein neues Gesetz, in Zwölftonreihen zu komponieren, emigrierte 1933 vor den Nazis nach Amerika und starb dort 1951. Aber er hat noch erlebt, wie nach dem zweiten Weltkrieg eine neue europäische Avantgarde den Weg fortsetzte, den er und seine Schüler gewiesen haben. In den vierziger Jahren erschien Adornos Buch „Philosophie der Neuen Musik“, in dem Schönbergs Kompositionsweise als der einzig wahre Weg in die Zukunft beschrieben wird. Und so begann nach Schönbergs Tod eine Art Nachholphase der Abstraktion in Europa, ehe sie dann ins Informel umschlug. 1953 erscheint auf den Tagen der Neuen Musik in Donaueschingen ein Mann, der inmitten all der seriellen Kompositionen erklärt, dass sein musikalisches Material die Gesänge der Vögel sind, und es wird sein Orchesterstück aufgeführt, das in prachtvoller Naivität das Erwachen der Vögel an einem Frühlingsmorgen imaginiert. Da lachen noch viele über diesen Olivier Messiaen; denn seine Musik ist zwar neu, aber in keinster Weise abstrakt. 1956 wird hier sein „Oiseaux exotiques" gespielt, in dem 40 exotische Vogelstimmen sich mit archaischen Rhythmen aus der Antike und aus Indien kreuzen - ein interkulturelles Meisterwerk, über das niemand mehr lacht. 1984 gibt es in seiner Oper „Franziskus" die Vogelpredigt, in der die Vögel der Welt einen 45-minütigen Jubel anstimmen. Ist es die Wiederkehr einer alle Sinne ergreifenden Programmusik? Wir hören seine letzte, ganz kurze Vogelkomposition von 1991, die aus den ‚Streiflichtern über das Jenseits' stammt, seinem letzten Orchesterwerk. Das Stück hat den bescheidenen Titel „Einige Vögel der Lebensbäume", und wir hören hier den Gesang von 25 Vögeln, die alle ihren eigenen Rhythmus und ihr eigenes Tempo haben; der Dirigent kann diesen Vogeljubel nicht dirigieren, sondern er kann nur die Einsätze steuern.

Expression oder tönend bewegte Form? Ist nicht beides, in immer wieder neuen Durchdringungen notwendig, um eine künstlerische Lösung zu finden, welche die Sinne der Menschen erreicht, aber dabei den Sinn der Idee nicht verrät. Was Boethius schon über die einstimmige Musik sagte, dass sie ‚die Unterschiede sowohl durch Sinneswahrnehmung als auch durch Vernunfterkenntnis genau zu erwägen habe' – um wieviel komplexer ist diese Forderung nach einem Jahrtausend der Mehrstimmigkeit geworden. Um zu akzeptablen künstlerischen Lösungen zu kommen, sind meist Um- und Nebenwege, sind immer wieder Zugeständnisse und Kompromisse in Kauf zu nehmen; das wissen alle Künstler, vor allem die bedeutendsten unter ihnen. Aber an dem wirklich höchsten Anspruch, den Kunst stellen muss, kommt eigentlich kein Künstler vorbei. Der Philosoph Walter Benjamin hat ihn so formuliert: „Das höchste Wirkliche der Kunst ist isoliertes, geschlossenes Kunstwerk".

Vortrag auf der Künstlertagung im Bistum Paderborn 1990

„Es war, als hätt der Himmel …“

Von Sehnsucht und Liebe in Sprache, Musik und Literatur

1972 war in Nordrhein-Westfalen das Gründungsjahr der Gesamthochschulen, einer neuen Universitätsform, die Studenten wie Lehrenden mehr Offenheit versprach, dies aber bis heute nicht erreicht hat. Ein Jahr zuvor war ich in Essen zum Professor ernannt worden, und mir fiel in den Folgejahren die Aufgabe zu, als Dekan die wissenschaftlichen und künstlerischen Hochschulen der Region zusammenzuführen, darunter auch die Folkwang-Hochschulen für Musik, Theater und Tanz. Es war für mich eine ungemein spannende Zeit; denn die Gründung löste, verspätet zu Berlin, in Nordrhein-Westfalen die Studentenrevolution aus, und selbst die Kollegen erfanden damals den Slogan: Kunst ist eine spätbürgerliche Erscheinung; man kann sie nicht mehr machen, sondern allenfalls noch über sie reden.

1972 – im ersten Gründungssemester – war ich so verwegen, ein Seminar mit dem Thema „Was ist Romantik?“ anzubieten und mich dabei auf Provokationen einzulassen. Als ich den Musiksaal betrat, sah ich in erwartungsgespannte Gesichter; denn an der großen Notentafel stand, mit blauer Kreide geschrieben: Und wer die blaue Blume finden will, der muss… „Ich weiß“, sagte ich, „es geht um Sehnsucht, und Ihr werdet bald merken, dass es auch um Euch geht, und zwar mehr, als Ihr jetzt denkt, es aber im Leben erfahren müsst.“

Damals war ich selbst 42 Jahre alt, genau halb so alt wie heute, und das Miterleben der Studentenrevolte löste in mir aus, dieses Wort ‚Sehnsucht‘ ganz unerwartet neu zu sehen: es schien mir angesichts des Scheiterns, das dieser neuen Jugendbewegung blühte, ein geradezu zentrales Wort deutscher Sprachfindung zu sein: das Wort einer Zerreißprobe, das in nur zwei Silben größte Gegensätze zu bisoziieren vermag – indem es nämlich dieses sehnende Verlangen mit der großen Gefahr vernetzt, daran süchtig zu werden. Und ich entdeckte, dass die deutsche Sprache besonders viele solcher Wortfindungen hat, bei denen in nur zwei Silben eine positive und eine negative Erfahrung ganz unmittelbar aufeinanderprallen und dabei eine symbolische Sprengkraft gewinnen. Aber erst jetzt, 2014, hat mich das Thema dieses Kongresses, dazu gebracht, dieses Worterleben in einem eigenen Gedicht auf den Punkt zu bringen:

Zerreißprobe

die schicksalhaftesten Worte
unserer Sprache sind
die in denen
sich
das was erhöht
was einen erniedrigt
in zwei Silben zusammenballt

hier meine
erlittensten drei:

Sehnsucht Ohnmacht Heimweh

Das Wort Sehnsucht ist im Mittelhochdeutschen keineswegs dazu erfunden worden, um sentimentale Gefühle zu beschreiben; es war vielmehr die geniale Wortschöpfung für einen seelischen Zustand, der zwar Begierde und Verlangen, aber nicht Erfüllung, sondern schmerzliches Entbehren, ja Leiden bis hin zu Krankheit und Tod zum Ausdruck bringt. Einen besonderen Höhepunkt dieser Ausdeutung des Wortes Sehnsucht bietet wohl die Erzählung ‚Tristan und Isolde‘, deren Liebestod – vom Epos des Gottfried von Straßburg aus dem Jahr 1210 bis hin zu Wagners Oper – unsere Vorstellung ja bis heute geprägt hat. Für die südfranzösischen Troubadours und die deutschen Minnesänger des 12. und frühen 13. Jahrhunderts, die zumeist von ritterlicher Herkunft waren, galt es als Ehre, eine ‚hohe frouwe‘ zwar zu lieben und ihr in Gedichten und Liedern zu huldigen, sie aber niemals zu berühren. An den deutschen Fürstenhöfen war dies die Zeit der „hohen Minne“, die Zeit eines Walther von der Vogelweide und Wolfram von Eschenbach; aber ihre Nachfolger – ein Tannhäuser, ein Neidhart von Reuenthal oder gar Oswald von Wolkenstein, sie brachen mit der hohen Minne, ironisierten sie gar als irreal und stellten mit ihrer Dorfpoesie lieber den Bauernmädchen auf dem Lande nach: die Zeit der „niederen Minne" begann und hat sich bekanntlich ja bis heute gesteigert.

Ein Sondermotiv mittelalterlicher Ritterkultur war das der „Fernliebe", ja es darf als eigentliche Basis der Troubadour- und Minnesangdichtung gelten: Ausgelöst hat es Jaufre Rudel, ein katalanischer Prinz, dessen Lebensdaten in der ersten Hälfte des 12. Jahrhunderts liegen, aber unbekannt sind, und von dem nur acht Liebesgedichte und vier Melodien erhalten blieben. Es wird berichtet, er habe sich nach Erzählungen von Pilgern, die aus Antiochien kamen, in die Gräfin von Tripolis verliebt und sei, ohne sie je gesehen zu haben, in eine unstillbare Sehnsucht gefallen; schließlich habe er, um zu ihr zu gelangen,1147 seine Teilnahme am Kreuzzug angemeldet, und danach gibt es keine Nachricht mehr von ihm. Die Fama berichtet, dass er auf der Schiffsfahrt nach Tripolis unheilbar erkrankte und in den Armen der Gräfin gestorben sei. Heinrich Heine hat darüber eine Ballade geschrieben – und der Dichter Alfred Döblin hat in seinem letzten großen Roman von 1945/46 – er handelt von der Sinnkrise des zweiten Weltkriegs und hat den Titel „Hamlet oder die lange Nacht nimmt kein Ende" - in Rudel einen frühen Leidensgenossen seiner eigenen Vita gesehen und ihm eine orientalisch ausgeschmückte, hinreißend fabulierte Schlüsselerzählung gewidmet.

Wie nach einer langen Periode der Aufklärung und ihren Kriegsfolgen gerade die Romantiker das Motiv der Sehnsucht wieder auf- und ganz neu wahrgenom-men haben, dafür ist Eichendorffs Gedicht "Mondnacht" in Schumanns Vertonung ein Paradebeispiel.

Mondnacht

Es war, als hätt der Himmel
die Erde still geküßt,
daß sie im Blütenschimmer
von ihm nun träumen müßt.
Die Luft ging durch die Felder,
die Ähren wogten sacht,
es rauschten leis die Wälder,
so sternklar war die Nacht.
Und meine Seele spannte
weit ihre Flügel aus,
flog durch die stillen Lande
als flöge sie nach Haus.

Für Robert Schumann war das Jahr 1840 wohl das glücklichste seines Lebens: endlich konnte der nun dreißigjährige seine geliebte, fast zehn Jahre jüngere Clara, gegen den Willen ihres Vaters, heiraten, und es entstanden in diesem Jahr nicht nur viele Klavierstücke für sie, sondern vor allem an die 140 Lieder, unter denen die Vertonungen nach Heine und Eichendorff sicher die kostbarsten sind. Der Liederkreis op. 39 nach Gedichten von Eichendorff enthält zwölf Lieder, von denen „Mondnacht" das fünfte ist; mit einem untrüglichen Gespür für die Qualität von Gedichten hat Schumann gerade bei Eichendorff nicht nur die besten ausgewählt: er hat vor allem Wege gefunden, sie durch Musik noch einmal zu erhöhen. Nun gilt Eichendorffs „Mondnacht" unter Kennern als eines der schönsten und vollkommensten Gedichte deutscher Sprache überhaupt; wie sollte dem noch etwas hinzugefügt werden können. Meine Erfahrung ist, dass man ein solches Gebilde nicht vertonen darf, wenn man keine Lösung findet, es tatsächlich noch zu überhöhen, ja zu überwältigen. Aber gerade dies ist Schumann bei der „Mondnacht" gelungen.

Das Lied hat ein sechstaktiges Vorspiel: es beginnt mit einem tiefen Basston, einem h, über dem vier Oktaven höher ein cis erklingt, das aber in diesem Abstand nicht als Dissonanz wahrgenommen wird, sondern sich, zart in Terzen abwärts steigend, als oberster Ton eines sogenannten Dominantseptnonenakkordes zu erkennen gibt; dieser Vorgang, zwei Takte lang, wiederholt sich noch einmal eine Oktave tiefer, verlangsamt sich dabei und verweilt nun, repetierend, auf dem Ton h, zu dem sich im sechsten Takt der Ton cis, nun als Sekunde beiliegend, gesellt, und über diesem engen Beieinanderliegen von h und cis wölbt sich nun, in H-Dur, der erste Vers „Es war, als hätt der Himmel". Dieser ganze Vorgang währt neun Takte und erst danach erfahren wir, dass wir uns in einem Schwebezustand der Dominante befunden haben, denn erst jetzt erscheint, beim Vers „die Erde still geküsst" der Tonika-Dreiklang E-Dur, um bei „geküsst" wieder zur Dominante H zu schweben – und dieser Vorgang wiederholt sich unverändert bei den Versen „dass sie im Blütenschimmer, von ihr nur träumen müsst."

Was ist Schumann da gelungen? Es ist typisch für ihn, Analogien und damit geheimnisvolle poetische Zusammenhänge zu erfinden. Hier setzt er die Dominante H für Himmel, die Tonika E für Erde und in der Tonart E-Dur sieht er insgesamt das innere Leuchten der Mondnacht versinnbildlicht. Ein Interpret, der das Gebilde in eine andere Tonart transponiert, beraubt es dieser heimlichen Botschaft. Ein anderes Beispiel ist Schumanns Heine-Lied „Die Lotosblume ängstigt" – es steht in F-Dur und beginnt mit c c b b a gis a a – eine Notenbotschaft für Clara, die auch im Klavierkonzert vorkommt: c und a sind im Namen enthalten, für l setzt er die Note b, für r die Note gis – eine geheime Notation, die nicht jeder sogleich begreifen kann.

Die zweite Strophe der „Mondnacht" ist, mit dem Vorspiel, genau so gestaltet wie die erste, nur fehlt am Anfang der tiefe Basston h und es ist erstaunlich, wie im Klavierpart nur wenige Zusatztöne dafür sorgen, dass die Wälder rauschen und die Nacht sternklar erscheint. Dann aber beginnt die dritte Strophe - „Und meine Seele spannte weit ihre Flügel aus" ohne das Vorspiel, und dabei leistet die Vertonung nun etwas, das die Möglichkeit des Gedichts übersteigt, indem es nämlich das, was Worte nur nacheinander zu sagen vermögen, in eine Gleichzeitigkeit verwandelt: Schumann spannt das Vorspiel, nach A-Dur modulierend, zwischen die Worte „Seele spannte" und „weit ihre Flügel" so aus, dass es für Augenblicke erscheint, als berührten sich Seele und Himmel nicht irreal, sondern real – und die langen Notenwerte des „als flöge sie nach Haus", dieses Fliegen mit wenigen langen Flügelschlägen in die Abendtiefe, auch dies ist so empfunden, als gehe die Musik eigentlich noch unter das Gedicht hinab.

Zum Programm „Entgrenzungen"

Lieder – Zeichnungen – Gedichte
Musiktheater im Revier / Spielzeit 1980

Wer heute komponiert, gerät mit seinen Vorstellungen zwangsläufig an jene Grenze, hinter der das abendländische Tonmaterial und dessen Notation nicht mehr funktionieren: Musik und Notenschrift lösen sich auf. Eine Konsequenz aus diesem Desaster ist der Schritt ins Lautlose. Ich selbst schrieb lange Zeit keine Musik; stattdessen entstanden Gedichte, die den Zustand musikalischen Bewusstseins durch ein anderes Medium spiegeln. Schließlich geriet mir die lange Übung des Notenschreibens zur No-tation, zur bloßen Zeichnung, welche die Bedeutung von Klangzeichen verweigert, stumm aber – im scheinbar rein Visuellen – dennoch Musik meint.

Dabei ist der Sprung ins Leere – zunächst nichts als ein Ende – ganz unvermutet ein Sprung in unbekannte Zusammenhänge geworden. Denn offenbar assoziieren die No-tationen nicht nur ein Ende abendländischer Notenschrift, sondern ebenso ihre Anfänge – Neumen und Mönchshandschriften wie aber auch außereuropäische Bild- und Schriftzeichen. Sie lassen sich zum einen als Fortentwicklung grafischer Notation und der Ideen John Cages, zum anderen in bildnerischen Zusammenhängen mit Klee, Wols, Tobey oder Michaux, schließlich auch als Sonderfall visueller Poesie verstehen.

Verwundert erfuhr ich an mir selbst, dass aus der Entgrenzung in andere Medien neue, veränderte Vorstellungen von Komposition erwachsen sind. So versuche ich im zweiten Liederbuch von 1979, auf die Harmonik – den eigentlichen abendländischen Parameter – ganz zu verzichten und allen Ausdruck auf die menschliche Stimme und den Pulsschlag einer Handtrommel zu konzentrieren. Dies ist insofern ein Abenteuer, als hierzulande Komplexität und Fortschrittlichkeit aus dem Klang und aus der Technik erwartet werden, mein Material sich aber solcher Erwartung versagt und – wie die

ausgewählten Gedichte von Ilse Aichinger, Günter Eich und Ernst Meister –
allen Aufwand nach innen verlagert.

Das dritte Liederbuch – nach Gedichten von Jürgen Becker, Paul Celan und Ernst Meister – entstand 1980 als Auftragswerk des Westdeutschen
Rundfunks; wie schon im zweiten, so sind auch hier Gedichte und Autoren
ausgewählt, die sich, auf existentielle Weise, am Rande der Sprachlosigkeit
befinden, am Ende des Gedichts. Dem entspricht die Vertonung: Vom Lied
Abschied nehmend, versucht sie, dessen Existenz dennoch zu imaginieren,
indem sie sprachliche und sprachlose Bedeutungszusammenhänge möglichst
genau übersetzt. Aller Ausdruck ist der Stimme allein überantwortet; von den
notierten Aufgaben wird sie zugleich gefesselt wie freigesetzt. Wie das zweite
ist auch das dritte Liederbuch und alle folgenden zyklisch komponiert; sie
stellen zwischen den ausgewählten Gedichten, aber auch zwischen den Dichtern einen Kontext her.

Im vierten Liederbuch nach Gedichten von Paul Celan, Recha Freier und
Nelly Sachs – den jüdischen Dichtern deutscher Sprache gewidmet - habe
ich auf Harmonien vollends verzichtet. Zymbeln und Große Trommel – die
Instrumente der Psalmen, aber auch des Zirkus und des Militärs – geben hier
außersprachliche Auskunft über die Situation des jüdischen Dichters deutscher Sprache: ihm gerät das Psalmieren – nach Auschwitz - zur Groteske des
Clowns. Gesungen wird über dem Dorn, unter dem Galgen - Celan zitiert in
der Gaunerballade ein Landsknechtslied, bei Nelly Sachs schreien Vokale und
Konsonanten Hilfe. Wie die Sprache außer sich gerät, so zielt die Vertonung
ins Schweigen - durch Verkürzung der Formbögen, durch stürzende Linien,
durch abbrechende Einzeltöne fallen die Schwerpunkte der komponierten
Zeit, insgesamt wie im Detail, außerhalb des Erklingenden. Fingerzymbeln
und Fußtrommel müssen vom Interpreten selbst ausgeführt werden: visuell
entstehen so groteske Assoziationen: Gotteslästerung, Militär- und Straßen-
musik, Zirkusclown. Und eine Aufführung in Clownsmaske ist durchaus
erwünscht.

Ob ich ein Gedicht vertonen kann, entscheidet sich meist im ersten Augenblick. Dann kommt ein langer Prozess des Inwendig-Lernens; es gilt die
emotionale Spur der Bilderketten aufzufinden, die Konturen zu entdecken,
die unter dem Gesagten her verlaufen. Meine eigenen Gedichte könnte ich
nicht vertonen; sie sind eine Anstrengung in der Sprache. Sie entzünden sich

an konkret erfahrener Wirklichkeit und suchen das Erlebte in sinnzusammen-hängende Bilder zu überführen. Und in dem Bemühen, durch das Erfahrbare hindurch Unerfahrbares zu berühren, erlebe ich Welt und meine Existenz in ihr nicht mehr als verloren, sondern als Teil eines unendlichen Kontinuums.

Entgrenzung ist letztlich wohl ein religiöser Akt; wahrscheinlich ziehen mich deshalb Bilder der Liebe und des Todes vor allem anderen an; wahr-scheinlich sind deshalb meine Gedichte von synästhetischen Erfahrungen durchsetzt, das heißt von Erfahrungen, bei denen Hören und Sehen zusam-menschlagen, wie etwa im Gedicht ‚Ikarus‘: Musik das war / der Versuch zu fliegen / zu sprengen / die Säulen der Luft / das war / der Versuch den Bogen / zu spannen / den Atem zu fiedern / Musik das war - / ich stürzte / zum Ohrmuschelgrund.

Bild, Sprache und Musik - das war einmal, wie mein Lebenslauf zeigt, ein breites intermediales Spektrum. Die Konzentration auf Lied, Zeichnung, Ge-dicht bedeutet für mich: die notwendige Verinnerlichung der intermedialen Anschauungen.

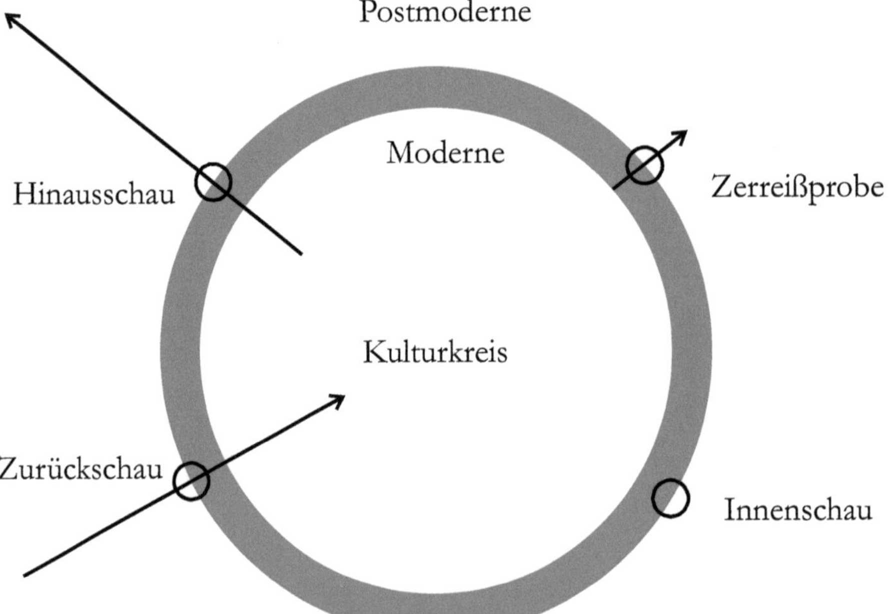

Heinz-Albert Heindrichs: Schematische Darstellung Spiritualität und Postmoderne

Spiritualität und Postmoderne

Versuch einer Standortbestimmung der Künste

„Ach, als sich alle einer Mitte neigten
und auch die Denker nur den Gott gedacht,
sie sich den Hirten und dem Lamm verzweigten,
wenn aus dem Kelch das Blut sie rein gemacht,
und alle rannen aus der einen Wunde,
brachen das Brot, das jeglicher genoß –
oh ferne zwingende erfüllte Stunde,
die einst auch das verlorne Ich umschloß.“

So endet ein Schlüsselgedicht des zwanzigsten Jahrhunderts – Gottfried Benns Gedicht „Verlorenes Ich“. Rückschauend klagt es um den „Verlust der Mitte“, beschwört es die ferne Stunde eines noch heilen Weltbildes – es artikuliert den Bewusstseinsstand der Moderne: Gottesferne und Identitätsverlust – und dennoch ist, in der Negation, das Verlorene noch einmal anwesend.

Um das zersprengte Bündnis von Kunst, Wissenschaft und Glaube zu beschwören, müssen wir weit zurück in unseren Kulturkreis – ins 14. Jahrhundert der Spätgotik: hier sind die Bilder noch auf Goldgrund gemalt – und in der Motette, der musikalischen Hauptform des Mittelalters, ist der gregorianische Choral noch das fraglose Fundament: er ist der Tenor, der Halter, der Cantus firmus, über dem sich dann freilich weltliche und geistliche Stimmen gleichzeitig entfalten dürfen, etwa ein französisches Liebeslied im Kontrapunkt mit einem lateinischen Marienhymnus – klingendes Symbol dafür, dass „sich alle einer Mitte neigten“.

Mit der Renaissance aber – mit dem Anbruch der Neuzeit – beginnt, in welchen Bereichen auch immer, die Spaltung des Bündnisses: seit dem 15. Jahrhundert säkularisieren sich die ehemals sakralen Inhalte und Formen der Musik in zunehmendem Maße; überdies schreiben Konzile den Stil liturgischer Musik fest und unterbinden so eine musikalische Weiterentwicklung im kirchlichen Raum. An der Geschichte neu aufkommender Gattungen – an der des Oratoriums etwa – ließe sich veranschaulichen, wie selbst religiöse Inhalte sich dem Einfluss der Kirche entwinden und den Freiraum des Konzertsaals suchen (Beispiel: Händels Messias). Spätestens seit der Aufklärung begegnen wir einer religiösen Bekenntniskunst zunehmend außerhalb der Kirchen: wer auf der Höhe der Zeit komponiert, der sprengt den liturgischen Rahmen, entfremdet selbst den Ordinariumstext seiner Funktion und kleidet ihn ins Gewand weltlicher Ästhetik (Paradebeispiele: Beethovens Missa solemnis, Verdis Requiem).

Am Beginn des zwanzigsten Jahrhunderts signalisieren die Künste einen ersten Ausbruch, einen ersten Schub aus den Bindungen des abendländischen Kulturkreises: im Spätwerk Nietzsches, im Expressionismus, Dadaismus, Surrealismus erscheinen die Bewusstseinskrisen vorausformuliert, die Europa insgesamt – durch zwei Weltkriege hindurch – schmerzlich zu erleiden hatte. In der Musik ist dieser erste Schub gekennzeichnet durch den Ausbruch aus der Dur-Moll-Tonalität, aus dem harmonischen System, das für die gesamte Neuzeit – von der Frührenaissance bis ins 20. Jahrhundert – einen Bedeutungszusammenhang verbindlich garantierte. Der Ausbruch war euphorisch; aber ihm folgte die Desillusion: aus dem alten Bedeutungszusammenhang gestürzt, gaben die Künste nun hoffnungslose Auskünfte: Isolation – Abstraktion – Kommunikationsverlust: Die Ränder des abendländischen Bezugssystem waren erreicht, es gab keinen Weg zurück mehr in die Mitte. Das ist die Perspektive von Benns „Verlorenem Ich", von Kafkas absurden Parabeln, von Musils „Mann ohne Eigenschaften", der mit dem Abstraktwerden der Welt seine Identität verliert – das ist die Perspektive von Strawinskis Psalmensinfonie, von Schönbergs Opernfragment „Moses und Aaron", das mit dem Ruf abbricht: „O Wort, du Wort, das mir fehlt!" Wo in diesen Kunstwerken Religiosität aufscheint, da wird die Abstraktion als Gottesferne, der Identitätsverlust als Glaubensverlust erfahren.

Nach der Jahrhundertmitte aber begannen die Künste, die lange Phase der Abstraktion zu durchbrechen: sie signalisierten einen zweiten, weit größeren Schub, der sie über die Peripherie des Kulturkreises hinauszutragen begann. In der informellen Phase erlebten wir zunächst die Zerstörung der Abstraktion, in der Monochromie ihre Auslöschung – und in der Musik standen seit dem Ende der fünfziger Jahre gleich alle Parameter zur Disposition – vorübergehend löste sich jeder Kompositionszusammenhang auf, und mit ihm die alten Formen und Inhalte einschließlich ihrer Notation (Beispiel John Cage). Das Bewusstsein dieses totalen Schubs, der in den Künsten begann, hat seit dem Ende der sechziger Jahre die gesamte westeuropäischen Gesellschaft und seit den achtziger Jahren auch Osteruropa erfasst: die Auflösung der Vergangenheitsstrukturen war seitdem nicht mehr aufzuhalten, aber sie hat, nach dem Erschrecken über ihren rasanten Schwund, andere, verschüttete, bislang gebundene Kräfte freisetzen können. Mit der experimentell hektischen Ausbruchsphase, die in den siebziger Jahren kulminierte, scheint die „Moderne" zu Ende gegangen, das Ende der „Neuzeit" vorbei.

Seitdem war im musikalischen Material die Befreiung vom Fortschrittszwang zu erkennen, wie ihn Adornos „Philosophie der Neuen Musik" noch postulierte; seitdem artikulierten die Künste offene Positionen: der zweite Schub hatte sie in die Lage versetzt, aus dem Kulturkreis hinauszublicken, nicht mehr nur in ihn hinein – die alten Wahrnehmungsweisen erschienen relativiert, die neuen aber öffneten sich zu außereuropäischen Aspekten, und das war es wohl, was wir, zunächst aus Verlegenheit, mit „Postmoderne" bezeichnet haben.

Dieser Postmoderne begegneten die Anhänger der Moderne zunächst mit Spott und Hohn – denn sie schickten sich an, die bislang herrschende Ästhetik von Hegel bis Adorno zu verlassen; sie hatten den „Formzwang" (ein Ausdruck Benns), sie hatten den Materialzwang von sich gestreift und mit ihm auch jene dialektischen Spielarten der Verneinung, der Verzweiflung, die den späteuropäischen Nihilismus kennzeichneten. Aus der Enge ins Offene geraten – in einen „erweiterten Kunstbegriff", wie Joseph Beuys meinte, entdeckten die Künste Dimensionen wieder, die lange verschüttet und verdunkelt schienen. Das auffallendste Merkmal aber, das die Kunst der achtziger Jahre von der „Moderne" zu unterscheiden begann, war die Wiederentdeckung ihrer ursprünglich spirituellen Dimension. Ursprünglich wussten es alle Völker und Rassen , dass die Musik von Göttern stammt, dass sie die eigentliche Dimension des Menschen ist, mit den Göttern, mit Gott zu kommunizieren. Von dieser Urerfahrung berichten die Mythen der Chinesen und Inder, der Afrikaner und Altamerikaner; uns Europäern wurde sie aus der Antike überliefert – in den Erzählungen vom Zeussohn Hermes, der die Leier aus einem Schildkrötenpanzer erfindet – vom Gott Apoll, der sie dem Menschen Orpheus schenkt – von Orpheus, der kraft der Musik ins Reich der Toten zu dringen vermag. In tibetanischen Mönchsklöstern, in afrikanischen Stammeskulturen ist diese Urerfahrung auch heute noch lebendig: hier gilt die Musik als auserwähltes, oft einziges Medium, um mit Gott, um mit Göttern in Kontakt zu treten.

Solchen archetypischen Erfahrungen waren die Postmodernen wieder auf der Spur: ins Gespräch mit anderen Kulturen gekommen, die auf anderen Bewusstseinsstufen stehen, machten sie die Entdeckung, dass Ende und Anfang einer Kultur sich merkwürdig nahe sind – so wie das Greisenalter der Kindheit. „Früheste Zeit und die fernste gleichen sich sehr" heißt es in Ernst Meisters Gedicht „Fermate", das mit dem Titel ja ein Innehalten beschwören will – und so mag es gerade das Gegenteil von Restauration sein, dass die Künste sich nun gar fernsten, mythischen, nichtrationalen Erfahrensweisen zuwandten, und sich damit anderen Kulturen öffneten: denn überrascht erlebten wir seitdem, dass Daseinsformen, die wir für überwunden hielten, vor uns und in uns wieder auftauchten. So ist es nicht verwunderlich, dass Menschen heute in Museen gehen, um in den Bildern eines Rothko, Ücker, Rainer, Tapies oder Beuys die spirituellen Tiefenerfahrungen zu suchen, die ihnen die Kirchen, die gerade einen Entmythologisierungsprozess hinter sich hatten, immer weniger bieten konnten. Und so ist es auch nicht verwunderlich, dass Künstler dieses Ranges selbst die Kirche meiden, dass sie sich einer Kirchenkunst entziehen, die sich funktionalen, liturgischen Bestimmungen zu unterwerfen hat. Von dieser Einengung auf liturgische Dienste ist ja insbesondere die Musik alltäglich betroffen: sie fungiert vor allem in den Gottesdiensten der katholischen Kirche mehr und mehr als Versatzstück, als Überleitung, als Dekoration – und sie bezahlt diese Unterwürfigkeit mit dem Verlust ihrer ursprünglich spirituellen Dimension. Dabei steht außer Frage, dass die Kirche – in Umbruchzeiten wie diesen – gerade dieser freien Kunst dringend bedarf; weil sie das Signal zu geben vermag über eine Spiritualität, die an den Enden unseres Kulturkreises entzündet wird. In den Zeiten der „Moderne", aus denen Europa herausgewachsen ist, hatten es die Kirchen mit Gegnern des Glaubens zu tun – die Frontstellung gegen Nietzsche und Marx, gegen Benn und Brecht war ihnen vertraut. Dass sich hier und jetzt aber neue Formen von Spiritualität an ihnen vorbei entwickeln könnten, darauf war sie weit weniger gefasst; es hat sie in eine noch nie dagewesene Konstellation gebracht.

In diese Entwicklungsschübe der Kunst sah ich selbst mich ja erst seit dem Kriegsende total involviert: 1946 hörte ich, fünfzehn Jahre alt und zunächst völlig verwirrt, die ersten Musikstücke, die bis dahin als entartet galten – Hindemith, Strawinsky, Bartok, später Schönberg und Webern; ich besuchte Museen, um Klee, Kandinsky, Picasso, Miró zu verstehen, verschlang in Buchläden die Gedichte von Trakl, Benn, Rimbaud – kämpfte mich durch Adornos „Philosophie der Neuen Musik" und begann nach dem Abitur in Köln Komposition zu studieren, gewann etliche Preise, war bis in die sechziger Jahre an vielen in- und ausländischen Theatern tätig und hatte schließlich, vom Beginn der siebziger bis zur Mitte der neunziger Jahre, eine Doppel-Professur an der Uni und der Folkwanghochschule Essen inne und wurde dort als Dekan mit der Aufgabe konfrontiert, das Dilemma der künstlerischen Ausbildungslehrgänge zu lösen. Denn mit den siebziger Jahren begann, verspätet zu Berlin, in den Ruhrgebietsstädten die Studentenrevolution, und die jungen Leute stellten damals alle Künste und auch ihr Studium in Frage. Kunst, so argumentierten sie – und Apo-orientierte Kollegen unterstützten sie dabei – Kunst sei eine spätbürgerliche, nun überholte Erscheinungsform; man kann sie nicht mehr machen, sondern nur noch über sie diskutieren. Es war eine spannende Aufgabe für mich, sie davon zu überzeugen, dass die Künste diesen Auflösungsprozess schon lange und gründlich geleistet hätten und, davon befreit, nun schon dabei seien, neue Perspektiven zu finden und zu entwickeln.

Ausgehend von der Vorstellung, dass die Künste an die Peripherie unseres Kulturkreises gekommen seien, entwarf ich eine kreisförmige Graphik, an deren Rändern ich vier mögliche, aber gegensätzliche Positionen einzeichnete, die den widersprüchlichen Zustand der Postmoderne in den siebziger Jahren begreifbar machen sollten.

Position I: Zerreißprobe

Dieter Schnebel (* 1930):
":! (madrasha) – 1968

„Madrasha" bedeutet im Syrischen der ersten nachchristlichen Jahrhunderte Hymnus – aber das Wort soll nur geschrieben, nicht ausgesprochen werden. Schnebel setzt dafür die Interpunktionen (:!) – der Doppelpunkt lässt alles hinter sich, ist nur noch Erwartung auf das Eigentliche; „madrasha" ist eine Vokalkomposition, aber eine sprachlose – sie verwendet keine Worte, sondern vorsprachliche Laute, die den Eindruck erwecken, als seien die menschlichen Äußerungen ins Kreatürliche, auf die Stufe der Tiere zurückgefallen. Es gibt dennoch wenige verständliche Silben, die sich zu Wörtern zusammenhören lassen, die in hebräischer, griechischer und lateinischer Sprache Gott ansprechen (zum Beispiel „Ja … we"). Was ausgesagt werden soll, bleibt dialektisch offen: was sich da artikuliert, ist es die Spanne zwischen Doppelpunkt und Ausrufezeichen – ist es eine Verfluchung oder ist es ein Lobgesang, der den Psalmvers „Alles, was Odem hat" radikal wörtlich nimmt? Komponiert ist eine Zerreißprobe, durch die Interpreten, Hörer und Stück gleichermaßen hindurch müssen.

In einem Gedicht Ernst Meisters, das sprachlos zu werden droht überm Abschiednehmen von der Welt, findet sich eine vergleichbare Stelle: fast gestammelt, kreisen Worte um den in Klammern gesetzten Ausruf: „(– der es erfunden hat, jener Erfundene, sei wahrlich der Höchste genannt –)". Jener Erfundene, er wird verflucht und dennoch der Höchste genannt – das Gedicht dreht sich um diesen Angelpunkt, der aber ist in Klammern gesetzt, als wäre er zu verschweigen. Der Münsteraner Germanist Clemens Heselhaus hat solche Aussagen in Meisters lyrischem Werk als „symbolum ex negativo" interpretiert – eine Deutung, die sich auch auf Schnebels „madrasha" anwenden lässt.

Im Stichjahr 1968 komponiert, stellt sich das Stück auch kompositorisch als Grenzfall dar: Indem es Sprache, Syntax, Form und Notation an den Rand der Auflösung bringt, spiegelt es einen letzten, agonalen Materialstand der Moderne – zugleich aber sprengt es dieses negative Verständnis auf und setzt, in der Zerstörung, das Erwarten auf ein Kommendes frei. So ist „madrasha" ein eschatologisches Stück: es projiziert den kritischen Zustand, in den die Musik und mit ihr die Gesellschaft geraten ist, in eine religiöse Dimension.

Position II: Hinausschau

Karlheinz Stockhausen (1928 – 2001)
Michaelsformel aus „Licht" – 1977

Bis 1968 spiegelt Stockhausens Entwicklung das Fortschrittsdenken der Avantgarde: Auf dem Weg von der seriellen zur postseriellen Musik, dem Weg von der Abstraktion zu ihrer Überwindung, markierten seine Stücke die jeweiligen Stadien der Progression: an ihren Titeln lässt sich ablesen, auf welche formalen und materialen Prozesse sich die Avantgarde der Nachkriegszeit konzentrierte.

Seit 1968 aber scheint Stockhausen aus dem Regelkreis der europäischen Moderne ausgebrochen: begünstigt durch lange Aufenthalte in Asien – durch unmittelbare Kontakte mit außereuropäischen Kulturen – hat sich seine Musik kosmisch-spirituellen Inhalten geöffnet, und diese Öffnung machen Stockhausens Stücktitel in unmissverständlicher Weise deutlich. Vor 68 hießen die Stücke: Etude – Punkte – Studie – Zeitmaße – Gruppen – Zyklus – Carré – Kontakte – Momente – Mixtur – Mikrophonie. Nach 68 heißen sie: Stimmung – Spiral – Mantra – Aufwärts – Setz die Segel zur Sonne – Kommunion – Litanei – Es – Goldstaub – Für kommende Zeiten – Sternklang – Trans – Anbetungen. Seit dem Ende der siebziger Jahre arbeitete Stockhausen an einem visionären Werk; es ist eine musikalische Schöpfungsgeschichte von universellen Ausmaßen geworden – eine Opernheptalogie nämlich, die alle sieben Tage der Woche umfasst; die Teilstücke dieser siebenteiligen „Oper" sind wohl aufgeführt; aber eine Gesamtaufführung dieses „opus ultimum" steht noch aus.

In „Licht" verbinden sich archaische, altbiblische, christliche, indische und buddhistische Seinsweisen und Gotteserfahrungen zu einer übergreifenden Anschauung von Welt. Drei zentrale Figuren bestimmen das Geschehen: Michael, „das Gesicht Gottes", der „Schöpfer unseres lokalen Universums" – Luzifer, der rebellierende Lichtträger – Eva, die „liebevolle Helferin für die

Neugeburt der Menschheit". Musikalisch sind sie anwesend in drei Tonrei-
hen, in drei Formeln, die sich insgesamt zu einer Superformel zusammen-
schließen können – und diese Formel ist den sieben Licht-Tagen eingegeben
wie ein genetischer Code, der alle zukünftigen Abläufe keimhaft enthält
und deren Entfaltung bestimmt. Stockhausens Formeltechnik resultiert aus
der seriellen Reihentechnik der fünfziger und sechziger Jahre; aber deren
damalige Abstraktion erscheint gesprengt und in eine sinnlich-übersinnliche
Anschauung umgeschlagen, die nun Assoziationen und Öffnungen zu außereuropäischen Musikkulturen provoziert. So setzt sich zum Beispiel die
dreizehntönige Michaelsformel aus fünf Gliedern zusammen, die sich einzeln
als ganz elementare, tonale Zellgebilde verstehen lassen – sie sind so allge-
mein, so archetypisch, dass sie die Formelbildung der gregorianischen Modi
und die Formelbildung des indischen Mantra auf einen Nenner zu bringen
vermögen: sie lässt sich perspektivisch zurück- und nach vorne lesen – zum
einen als späteuropäische Standortbestimmung, sodann aber als Schlüssel zu
universellen Möglichkeiten.

Position III: Innenschau

Wilhelm Killmayer (* 1927)
„The woods so wilde" – 1970

Wenn es wahr ist, dass wir an eine Schwelle gelangt sind, an der sich
früheste und fernste Zeiterfahrung wiederbegegnen, dann müsste sich unser
Verhältnis zur Zeit grundlegend wandeln. Indem wir erkennen, wie die Bilder der Seele sich gleichen, über Zeiten und Räume hinweg, wird sich die
Geschichte des eigenen Kulturraumes verkleinern, dafür aber teilhaben an
einer großen ganzheitlichen Zeit, in der – im Sinne des Augustinuswortes –
„die Gegenwart des Vergangenen, die Gegenwart des Gegenwärtigen und die
Gegenwart des Zukünftigen" zusammenfallen. Eine solche Zeitvorstellung zu
haben, sie wieder zu haben, setzt aber wohl den Verlust des Fortschrittzwan-
ges und die Wiedergewinnung eines zyklischen Welterlebens voraus. Der
Dichter Ezra Pound erfuhr diesen Schwellenort als „eine Immerzeit, in der
alle Zeitalter gegenwärtig sind" – der Dichter Ernst Meister beschwört sie als

70

„Fermate“, als Innehalten, als Stillstand von Zeit. Wilhelm Killmayer – ein Schüler Carl Orffs – stellt seinem Instrumentalstück, statt kompositorischer Erklärungen, die folgenden Worte voran:

„Ich gehe durch die tonkargen, spätherbstlichen Wälder und ich höre meinen Schritt und ich höre mein Herz schlagen; ich höre die Geräusche der langsam sich ergebenden Natur und den Widerhall eines Vogelschreis in meiner Erinnerung. Immer tiefer gerate ich in das Innere, wo Erschrecken und Ruhe sich nahe sind, wo die Furcht stillhält.“

Wer sich auf Killmayers Musik einlässt, muss seine eigene kleine Zeit vergessen; er muss eintauchen in ein rituelles Zeiterleben, in dem die Klangereignisse sich wie Perlen an einer Meditationskette reihen – Wiederholung um Wiederholung wird das Ohr daran gewöhnt, nichts zu erwarten, um dann erst wahrzunehmen, dass die Wiederholungen zu wandern beginnen und einer fortschreitenden Verwandlung unterliegen: er muss in das Innere kommen, wo die Furcht stillhält. „Killmayer“, so meint Dieter Rexroth, „sieht menschliche Existenz in den Zusammenhang einer geradezu archaischen Welterfahrung gestellt. Alles ist Wiederholung, ist Regeneration, ist zyklische Struktur der Zeit durch ereignishafte Wiederkehr; alles aber ist zugleich Veränderung und Verwandlung. Werden und Sein fallen in eins.“

Position IV: Zurückschau

Arvo Pärt (* 1935)
Cantus – 1977

Pärts kurzem Orchesterstück, das durch den Tod Benjamin Brittens ausgelöst wurde, liegt eine musikalische Idee zugrunde, wie sie sich einfacher nicht denken lässt: eine Tonleiter, eine Kirchentonart, steigt von der Höhe in die Tiefe hinab und wird, je tiefer sie steigt, umso langsamer, bis sie in einer tiefen Schwärze stehen bleibt. Dieser Vorgang vollzieht sich jedoch, vielstimmig und in verschiedenen Zeitmaßen, so dass sich ein dichtes Knäuel von Linien, von Kraftfeldern ergibt, die, wie von einer Wünschelrute gezogen, unter die Erde wollen. Der Hörer wird mit hinuntergezogen – und dennoch erfüllt ihn keine Angst, sondern ein unerklärbar wachsender Trost: rührt er von den zarten Glockenschlägen, die Sterbeglocken gleich, den Sog in die Tiefe wie einen Lichtschein überwölben? - Doch so einfach der Vorgang auch zu durchschauen ist, so wenig gibt er das Geheimnis seiner Wirkung preis. „Arvo Pärt", so schrieb der Dichter Peter Hamm damals, „muß es gelungen sein, die Ohren solange vor der Welt des Tumults, vor der Welt der Exzesse und der Explosionen zu verschließen, bis sie sich ihm ergab, die Musik der Gegenwelt." Weil es im Westen eine so radikal einfache, geheimnisvoll schöne Musik damals nicht gab, wurde Pärt hier ungewollt als Kultfigur einer „neuen Einfachheit" begrüßt und geehrt, aber auch mit Spott bedacht.

Zerreißprobe – Hinausschau – Innenschau – Zurückschau: das waren vier grundsätzliche Wahrnehmungsweisen, die ich auf der Peripherie unseres Kulturkreises zunächst einmal zu unterscheiden versuchte; aber ich tat es an vier Stichproben, die es noch ermöglichen, jede Perspektive einzeln, von den anderen isoliert vorzustellen. Es muss aber nun gesagt werden, dass Künstler und Kunstwerke, die den neuen Wahrnehmungsstand erreichten, ja fast immer schon mit allen vier Blickrichtungen zugleich befasst waren: gerade dies unterschied sie von der Moderne, ja war das eigentliche Kennzeichen ihrer postmodernen Konstellation.

Dass alle vier Wahrnehmungsweisen – ob einzeln oder kombiniert – sich grundlegend von der unterscheiden, die Benns Gedicht „Verlorenes Ich" bestimmt hatte, war wohl das Wichtigste, was wir damals zu erkennen vermochten: alle vier Wahrnehmungsweisen waren eine Generation zuvor noch nicht möglich – und dies zeigte uns damals schon, wie sich unsere Anschauung von der Welt zu ändern begann; dies zeigt an, wie sich unsere Weltanschauung ändern muss. Wir werden nicht mehr in ein geschlossenes, für immer verlorenes Ganzes zurück-, sondern in ein offenes Ganzes hinausblicken; und wir werden uns in dieses offene Ganze einzubringen haben und daran gewogen werden, wie wir es tun. – Dass uns die Künste eine spirituelle Veränderung signalisieren, die unseren Kulturraum übersteigen wird, diese Schlüsselinformation hat unsere vor sich hinschlingernde Mediengesellschaft freilich bislang nicht erreicht. Allenfalls die Kirchen begannen zu ahnen, dass sie in diesem Entgrenzungsprozess der Kunst bedürften – freilich nicht einer, welche die alten Standorte noch einmal bestätigt; sie bedarf ihrer vielmehr als eines Lotsen, der ihr und uns hilft, überzusetzen ins Offene.

Einen solchen Lotsen hätte zumindest die katholische Kirche schon früh unter ihresgleichen entdecken können: den Musiker Oliver Messiaen, der, 1908 geboren, als einer der ersten europäischen Geister die oben beschriebenen Positionen erreichte; zuerst wohl in seinem „Quartett vom Ende der Zeit“, das er 1940 in deutscher Kriegsgefangenschaft schrieb. Messiaen hat seiner Kirche, der er zeitlebens diente, einen offenen Katholizismus vorgelebt, der Grenzpfähle zwischen den Kulturen nicht mehr kennt: indem er die Rufe einheimischer und exotischer Vögel, die Melismen gregorianischer Melodik, die altgriechischen Versfüße und die Rhythmen indischer Ragas übereinanderschichtet, hebt er kausale Entwicklungen auf, gibt er uns zu verstehen, dass sein Christentum nicht an den alten Kulturkreis gefesselt ist – denn wenn es das wäre, müsste es dann nicht untergehen, so wie die Götter des Mittelmeerraums mit der Antike? Messiaens Partituren sind indessen ein Kaleidoskop von sich überlagernden Zeitdauern und Zeiten, die sich in immer neuen Konstellationen umeinander drehen und wenden, einem Sternhimmel gleich, und die dabei neue spirituelle Impulse freisetzen.

Als 1995 die Weltmusiktage, erstmals nach langer Zeit, wieder in Deutschland stattfanden, und zwar im Ruhrgebiet mit seinen vielen Konzerthäusern und Theatern, habe ich die einmalige Gelegenheit genutzt, meine studentischen Seminare an der Universität und an der Folkwanghochschule Essen auf diese Großinformation auszurichten. Es erklangen hunderte von ausjurierten Stücken aus allen Kontinenten – und das Überraschende war, dass sehr eindeutig solche Musik überwog, die sich mit mythischen, mit archaischen, mit spirituellen Vorstellungen befasste. Der Eindruck, dass die gesamte Menschheit ein existentielles Bedürfnis hat, daran haben muss, einen gemeinsamen Nenner für die Zukunft zu finden – und die Musik ist eine Metasprache, die dies zu leisten imstande ist – dieser Eindruck war überwältigend. Dabei half uns mein Kulturkreisschema sehr, das Gehörte zu diskutieren und weiter zu bedenken, und es schien uns aufzufallen, dass mit der Öffnung zu den Ostblockstaaten hin die Position der Zerreißproben geringer geworden war, die Kombinationen von Hinausschau und Zurückschau aber zugenommen und zu einem bestimmten Stilkriterium geführt hatten: zur Polystilistik - zu einer Polyphonie der Stile, bei der europäische und außereuropäische Kompositionsweisen der Vergangenheit und der Gegenwart kontrapunktisch miteinander verknüpft werden. Als Paradebeispiel für den Osten mag hier das Lebenswerk des russischen Komponisten Alfred Schnittke (1934 - 96) gelten, dem es gelungen ist, mittels polystilistischer Techniken nicht nur die Einengungen des „sozialistischen Realismus" zu überwinden, sondern zudem zu neuen, unorthodoxen Formen von Spiritualität vorzudringen, die im Osten sogleich als inhaltliche Alternative zum sowjetischen Kommunismus verstanden wurden.

Parallel zu den Konzertbesuchen betrachteten wir in den Seminaren dazu Werke der bildenden Kunst und entdeckten staunend, wie unsere Augen dabei die gleichen Erfahrungen wie unsere Ohren machten: 1990 – unmittelbar nach dem Fall der Mauer – gab es im Gropius-Bau in Berlin eine Ausstellung mit dem Titel: „Gegenwart Ewigkeit – Spuren des Transzendenten in der Kunst unserer Zeit". Hier hatte ein Expertenteam – im Auftrag der Guardini Stiftung, in deren Beirat ich seit 1988 mitwirke – hunderte von Kunstwerken aus aller Welt versammelt, die in überwältigender Weise zeigten, dass die größten künstlerischen Aussagen, die in unserer Zeit entstehen, nicht technischer, sondern spiritueller Art sind – ja, dass dies das eigentliche Anliegen der Kunst überhaupt sein muss. „Gegenwart Ewigkeit" – ich hatte Dias aus dem großen Katalog anfertigen lassen – und meine Studenten von damals sprechen mich heute noch an auf diese elementaren Doppelerfahrungen, die wir damals gemeinsam hatten.

Dass Künste die Fähigkeit besitzen, ihrer Zeit seismographisch voraus zu eilen, lässt sich im Nachhinein bei allen Epochen unserer Kultur nachweisen. Ich möchte, bevor wir zum Heute kommen, noch einmal in die sechziger Jahre des vorigen Jahrhunderts zurück: damals beauftragte mich der Schott-Verlag, zu allen Uraufführungen in Nordrhein-Westfalen Berichte zu schreiben, und zwar in der Zeitschrift „Melos", der wichtigsten europäischen Zeitschrift für Neue Musik; das habe ich ungefähr zwanzig Jahre getan. Zum Beginn der siebziger Jahre gab es, trotz der Mauer, zwischen West- und Ostblock eine Tauwetterperiode: da vereinbarten Chruschtschow und Willy Brandt auch, dass DDR-Komponisten ihre im Osten kritisch beurteilten Werke im Westen aufführen durften – und so erklangen, vor allen bei den Wittener Kammermusiktagen Stücke, die mir die Ohren neu öffneten, und darüber schrieb ich in Melos, dass es nur noch einer kurzen Zeit bedürfe, bis der Osten den künstlerischen Stand der westlichen Musikszene erreiche, und das bedeute, wie bei kommunizierenden Röhren, einen plötzlichen Zusammenschluss. Ich wurde in Journalistenkreisen belächelt; aber es meldeten sich Künstler, auch aus der DDR, die nachfragten, wann das denn sein solle – und ich sagte, nach meinen Recherchen: um 1990. Als die Mauer dann tatsächlich 1989 fiel und die Wende begann, wollte auch das Düsseldorfer Ministerium wissen, wie ich dazu käme, Entwicklungen vorauszusagen. Das tue ja nicht ich, sagte ich, sondern das tun die Künste, und eigentlich müssten es gerade Politiker lernen, auf deren seismographische Botschaften zu reagieren. Sie wollten vor allem von mir wissen, wie und wann ich mir einen nächsten Schub vorstellen würde, und ich habe geantwortet: um 2020 – und das müsste dann einer sein, der nun von außen in unseren Kulturkreis eindringe, und er münde hoffentlich nicht in einen Krieg.

Mittlerweile hat eine Völkerwanderung nach Europa begonnen, die schon jetzt mit den Wanderungen verglichen wird, die in den ersten Jahrhunderten unserer Zeitrechnung zum Niedergang der Mittelmeerkulturen geführt haben. Und es bietet sich nun an, auch frühere Interpretationen von Endzeit in Erinnerung zu bringen. So deutete der Schweizer Altertumsforscher Jakob Burckhardt schon im 19. Jahrhundert das Abstraktwerden ägyptischer Plastiken, die uns heute an die Figuren Giacomettis erinnern, als ein Zeichen dafür, dass der antiken Kultur das Ende bevorstehe. Als nach dem ersten Weltkrieg, in den zwanziger Jahren, die abstrakten Künste in Europa kulminierten, prophezeite Oswald Spengler uns den „Untergang des Abendlandes", und er legte in zwei Bänden dar, dass alle Kulturen der Welt, wie ja auch alles Leben in ihr, zwar eine unterschiedliche Lebenszeit, aber den gleichen Werdegang hätten: sie werden geboren – blühen – reifen – altern – sterben. Und welche Schätze und Erfahrungen es wert waren, sie zu hinterlassen, das erkennen erst spätere Kulturen, womöglich mit ganz anderen Welt- und Gotteserfahrungen. Dem britischen Kulturphilosophen Arnold Toynbee – er starb 1975 – schwebte als vorläufiges Endziel der Menschheitsgeschichte eine gemischtrassige Erdbevölkerung vor, die einer einzigen Globus-Regierung untersteht und nur noch nach Religionsgemeinschaften gegliedert sei. Dazu bedürften freilich alle Religionen dieser Welt eines ganz neuen und gemeinsamen Dialogs, nicht nur unter sich, nicht nur mit den Künsten, sondern mehr und mehr auch mit den Wissenschaften, welche die Geheimnisse des Universums, nein der unendlichen Universen, ja erst noch zu entdecken beginnen.

Die Postmoderne, so scheint mir, ist ans Ende gelangt; sie ist dabei, in ein neues, interkulturelles Zeitalter zu münden, dessen Zukunft ungesichert ist, und niemand weiß heute, was auf uns zukommen wird. Aber ich möchte schließen mit fünf eigenen Gedichten aus diesem Jahr 2015, die es versuchen, sich weiter vorzutasten.

Kann es sein

dass unser Kulturkreis schon
entgrenzt ist

sahen
die Künste
es nicht hundert Jahre voraus

jetzt
hat sie begonnen
die größte Völkerwanderung
seit es Menschen
gegeben

brechen sie auf
um den Weltfrieden zu finden

Fragezeichen

Krieg in Europa

darf es nie wieder geben

die Aufgabe alternder Kulturen
muss nicht verteidigen
sondern öffnen
heißen

denn es gilt
was ihnen heilig ist
hinüber zu retten ins Ungewisse

auch wenn sie das selbst
nicht erleben

Creatio

der Urknall
ist nicht die Schöpfung

sie ist noch dabei zu werden
und du und ich sind
ihr blühender
Staub

wem
verdanke ich
es so erkannt zu haben
als sei ich vom Blitz getroffen

An die Urenkel

die Geburt
einer neuen Kultur
wird schmerzhafter sein
als je eine vorher
gewesen
wir
die es nicht
erleben werden
aber die drohenden
Zeichen wachsen sehen
unser einziges Erbe
das zu vergeben
wir haben
ist

ein ungesicherter Friede

Tabula rasa

wieder beten lernen

ist das
noch möglich
in dieser von Engeln
verlassenen
Welt

du musst
alle Formeln löschen
sagen dir innere
Stimmen

eher
kannst du
das Unaussprechliche
nicht schweigen
hören

Zauber Märchen Utopie

Drei faszinierende Worte – Worte, die uns magisch anziehen, die von einem Glanz, von einer Aura umgeben sind, die aber zugleich, in unserem Sprachgebrauch, eine sehr schillernde Bedeutung haben: Zauber, Märchen, Utopie – das sind Worte, die zum einen für Verwandlung, für in Bildern verdichtete Menschheitserfahrung, für Zukunftserwartungen stehen; zum andern bedeuten sie aber auch das Gegenteil: Illusion, Lügen, Hirngespinste.

Zauber – zouber, zoufer, teafor, tover, taufra: das Wort findet sich in allen germanischen Sprachen, und es bezeichnete ursprünglich die rote Farbe, das Ocker- und Rötelgemisch, mit dem man, als Ersatz für Blut, die Runen einfärbte, denen man eine beschwörende Wirkung zuschrieb. Schließlich war es das Wort für die Zaubermittel selbst, für die magischen Handlungen, deren man bedurfte, um gute Geister anzuziehen und böse abzuwehren. Von solchen magischen Handlungen war das Leben bestimmt: Götter, Dämonen und Naturwesen wurden durch Zaubersprüche und Segensformeln, durch rituelle Gebärden und Tänze beschworen; man hoffte, sie durch Masken und Abbilder zu bannen, sie anzulocken durch Musik oder durch Lärm und Geschrei zu verjagen – und auch heute sind wir von solchen magischen Bräuchen umgeben, auch hier in Mitteleuropa. Ja, wir erfahren es täglich selbst, wie fließend die Grenzen zwischen Aberglaube und Religion um uns sind – und es ist schon erstaunlich, daß weder Christentum noch Aufklärung es zuwege brachten, die Magie aus unserer Welt zu schaffen, obwohl das Mittelalter in ihr ein Teufelsbündnis sah und sie als Ketzerei streng verfolgt hat, obwohl zur Lutherzeit das Wort Zauberei so gut wie außer Gebrauch war und erst zur Zeit der Aufklärung wieder in Mode kam, nun aber unter dem profanen Aspekt der Volksunterhaltung.

Daß magisches Erleben und Denken auch in unserem rationalen Zeitalter wirksam bleibt, mag darin begründet sein, daß der Mensch auch heute noch, geradeso wie in mythischer Zeit, in zwei Wirklichkeiten lebt: in einer ersten, realen, die es mit empirischer Erfahrung und mit Verstand zu bewältigen gilt, sodann aber in einer zweiten, überrationalen, in einer *unio magica*, die mit dem Kopf nicht zu begründen ist – und es gibt eine Theorie, die besagt, daß der magische Mensch eine Frühform des religiösen Menschen sei. Russischen Berichten zufolge hat das jahrzehntelange Religionsverbot im Osten weniger zum Unglauben als vielmehr zu einem Rückfall in abergläubische Praktiken geführt – und dieses kompensatorische Wechselspiel von Religion und Aberglaube scheint ja zu bestätigen, daß der Mensch dieser *unio magica* bedarf. Heute arbeiten Ethnologen, Zauberkundler und Märchenforscher gemeinsam daran, die Beschwörungspraktiken und Vorstellungen aller Völker und Kulturkreise vergleichend zu erfassen, und sie unterscheiden dabei den Abwehrzauber und den Schutzzauber, den Analogie- und den Bildzauber, den Jagdzauber, Krankheitszauber, Schadenszauber, den Sympathie- und den Liebeszauber.

Des Zaubers mächtig sein – das war einmal eine übernatürliche Gabe: die Gabe, verwünschen, verwandeln, erlösen zu können. Der Glaube, daß Götter die Fähigkeit haben, jede gewünschte Gestalt anzunehmen oder zu verleihen, sie findet sich in den Mythen aller Völker. So erscheint Zeus als Wolke, als Goldregen, Mensch, Stier, Schwan; Odin als Schlange, Rabe, Adler, als Wanderer, einäugig mit Hut und wallendem Mantel – und so ist es überall mit den Göttern. Daß aber auch der Mensch des Zaubers mächtig werden kann, davon berichten die Mythen ebenso wie die Religionen, schließlich, auf ihre besondere Art, die Zaubermärchen. Eine solche Gunst wurde freilich nur dem zuteil, der bestimmte Vorausbedingungen erfüllte – sei es, daß er von Göttern abstammte, sei es, daß er einen Gott, einen Geist, einen Dämon gewonnen hatte, ihm zu helfen. Im griechischen Heroskult wurden Helden wie Herakles oder Heilbringer wie Asklepios in den Olymp erhoben; von römischen Kaisern glaubte man, daß Adler oder geflügelte Windgeister sie ins Jenseits tragen, von Kaiserinnen, daß ein heiliges Tier, der Pfau, sie emporfliegt. In den monotheistischen Religionen sind es schließlich Propheten und Heilige, denen eine Entrückung zuteil wird.

In den Zaubermärchen aber gibt es nur eine Bedingung zu erfüllen, und die ist, offen und reinen Herzens zu sein: Wer selbstlos anderen hilft, dem helfen auch die jenseitigen Wesen, die Dämonen und Naturgeister, die ihn rings umgeben – und vor allem sind es immer wieder Tiere, die dazu beitragen, eine Verwünschung aufzuheben. Sie sind es, die in den Zaubermärchen die drei Elementarreiche der Erde, des Wassers und der Luft vertreten,

und dafür seien einige Beispiele genannt: Im Märchen „Die Bienenkönigin"
(KHM 62) sind es Ameisen, Enten und Bienen, die dem Dummling zum
Glück verhelfen – in Basiles „Die drei Tierbrüder" sind es Hirsch, Delphin
und Falke – im Musäusmärchen „Die drei Schwestern" Bär, Walfisch und
Adler – in „Die weiße Schlange" (KHM 17) helfen die Fische, der Ameisen-
könig, die jungen Raben. In all diesen Märchen lösen Tiere die Aufgaben, die
ein Mensch nicht zu leisten imstande ist, und sie tun dies sozusagen als Boten
aus ihrem elementaren Reich. Dabei wird deutlich, daß ein Zusammenwir-
ken von Erd-, Wasser- und Luftmächten offenbar notwendig ist, um einen
Zauber vollends zu lösen – und dies entspricht ja sehr genau der Erfahrung,
die der Mensch im Umgang mit der Natur gemacht hat.

Darüber hinaus aber gibt es Märchen, in denen Tiere dem Menschen
gewähren, ihre Gestalt anzunehmen; sie übertragen ihm damit auf Zeit die
Macht, über die elementaren Kräfte der Natur selbst zu verfügen. In „Wind-
hund, Krähe und Ameise", einem Märchen aus Niederdeutschland, darf ein
Junge die drei Verwandlungen nutzen, um über einen Drachen zu siegen.
Im italienischen Märchen „Fortunio" kann sich der Held in Wolf, Ameise
und Adler versetzen. Im Märchen „Der schnelle Soldat", das aus dem Harz
stammt, ist es ein greiser Bettler, der dem Soldaten die Gabe verleiht, sich in
Hase, Fisch oder Taube zu verwandeln. Es sind dies Märchen, die den Menschen begaben, seine physische und seine psychische Konstitution verändern
und aufs Spiel setzen zu können.

Die ureigenen Zaubermärchen aber sind die, in denen es gilt, die Grenzen der physischen Welt zu übersteigen: Wer die Jenseitsfahrt antritt, um bis
an der Welt Ende zu kommen, der muß drei übernatürliche Zaubergaben er-
ringen: er muß seine Körperlichkeit überwinden und unsichtbar werden – er
muß Raum und Zeit durchbrechen, und sei es für einen Augenblick – er muß
außermenschliche Kräfte haben, um sich in der Anderswelt behaupten zu
können. An diese Zaubergaben muß er gelangen, koste es, was es wolle, denn
ohne sie ist er den jenseitigen Mächten nicht gewachsen. Zum Unsichtbar-
werden bedarf er der Tarnkappe oder des Zaubermantels – zum Raumüber-
winden der Fernstiefel, eines Zauberpferds, eines Flugteppichs, Flughemds
oder Rings – oft reicht auch ein einziges Zauberding aus, ein Wunschsattel
oder ein Wunschhut, um beide Metamorphosen in einem zu bewirken –
schließlich aber bedarf es zauberischer Kräfte und Waffen: einer Zauberblume

oder Zauberfrucht, eines Zaubertuchs, einer Zaubertrommel, Zaubergeige, Zauberflöte, eines Zauberbuchs, eines Zauberstabs, eines Zauberdegens oder Zauberschwerts.

Solche Verwandlungsgaben werden selten geschenkt; sie müssen aktiv erworben, ja vielfach mit List gestohlen werden – zum Beispiel von Riesen oder Dämonen, die sich in der Anderswelt um solch ein Zauberding streiten, etwa um den Wunschhut in der „Kristallkugel" (KHM 197), um den Wunschsattel im „Trommler" (KHM 93), um Tarnmantel, Pferd und Zauberstab in dem Märchen „Die Rabe" (KHM 93), um Mantel, Stiefel und Zauberdegen im „König vom goldenen Berge" (KHM 92). Daß man sich diesen Zugang zur Anderswelt oft nur durch Raub oder List verschafft, das scheint ein ungewöhnliches, aber geheimnisvoll altes Motiv: Auch Odin raubte der Riesin Gunnlöd den Mettrank, um durch ihn zum Dichter zu werden.

Zaubermärchen, in denen sich Übernatürliches ereignet, ließen sich auch als Wundermärchen bezeichnen; denn sie entsprechen der Definition des Wunders als eines Geschehens, das den Naturgesetzen widerspricht und sie zu durchbrechen scheint. Das Wunder ist freilich ein religiös besetzter Begriff, und dabei unterscheidet sich das kirchlich anerkannte Wunder vom Märchenwunder darin, daß es als Ausnahmegeschehen gilt und einem strengen Prüfungsverfahren unterliegt, während es uns im Märchen doch permanent und wie selbstverständlich begegnet. Daß es Wunder gibt, wird seit der Aufklärung in Frage gestellt und aus materialistischer Sicht vollends bestritten. Vom Standpunkt der Vernunft ist der Wundergläubige einer, der desto mehr Erscheinungen für Wunder hält, je weiter er in der Naturerkenntnis zurückgeblieben ist – und diese aufgeklärte Meinung besteht auch weithin in bezug auf die Märchen, jedenfalls innerhalb unseres europäischen Kulturraumes, in dem man mit der Pubertät den sogenannten Kinderglauben hinter sich zu lassen hat, wenn man nicht ‚gehänselt' werden will. So treffend der Begriff Wundermärchen in literaturwissenschaftlicher Hinsicht sein könnte, im allgemeinen Sprachgebrauch scheint er den abschätzigen Beigeschmack noch zu verstärken, der dem Wort Märchen selbst schon anhaftet.

Daß dem so ist, hat tiefere Gründe: Zum einen hat das Christentum versucht, all das, was es an Mythen und Schöpfungsgeschichten, an Märchen und zauberischen Bräuchen vorfand, mit seiner biblischen Botschaft zu verdrängen oder umzudeuten, zum anderen hat sich Europa seit der Renaissance, seit dem Beginn der Neuzeit, mehr und mehr rationalistischen Denkweisen zugewandt, die schließlich in der Aufklärung ihren Höhepunkt fanden.

Das alte Wort Mär, maere, mari, das einmal soviel wie „gerühmte Kunde" bedeutet hat – es kam seit dem Spätmittelalter in Verruf und nahm schließlich die Bedeutung von „Gerücht" an, eine Tendenz, die durch Verkleinerungsformen wie Märlein und Märchen weiter begünstigt wurde. Drei literarische Beispiele mögen zeigen, wie tief das Wort Märchen im Deutschen abgesunken war, ehe die Brüder Grimm seinen wahren Gehalt wieder ans Licht brachten. Luther, der den Leuten aufs Maul schaute, hat in seiner Bibelübersetzung für „dummes Geschwätz" einfach das Wort „Märlein" genommen. Bei Lessing findet sich die Zeile: „Nicht die Kinder blos, speist man mit Märchen ab". Und der junge Goethe schreibt gar: „[...] es ist nichts Schändlicheres in der Welt, als sich auf Lügen und Mährchen einzurichten".

Da ist es nicht verwunderlich, daß das Wort Märchen auch in der heutigen Umgangssprache negativ besetzt ist. „Erzähl mir doch keine Märchen!" – das ist ein Slogan, der nicht nur von einfachen Leuten, sondern besonders gern von Politikern benutzt wird, wenn sie sich gegenseitig der Lüge bezichtigen. Die gleiche Unterstellung schwingt mit, wenn Journalisten vom Märchenonkel, von der Märchentante schreiben; denn es impliziert den Verdacht, daß da Menschen wie Kinder mit unwahren Geschichten abgespeist werden.

Tatsächlich aber sind heute alle Märchen der Welt miteinander im Bunde, und zusammen sind sie so unüberhörbar stark und wahr; daß sie bislang jede Art von Mißverständnis, von Schmähung oder Fälschung, von Kitsch, Parodie oder ideologischer Vereinnahmung überstanden haben. Seit den Brüdern Grimm ist zunehmend erkannt worden, daß das Volksmärchen zu den großen Dichtungsformen der Menschheitsgeschichte gehört, daß es für alle Kulturen und in allen Sprachen eine Grundlagendichtung darstellt, die bis in die heutige Literatur nachwirkt – ja, daß in ihm so viele Grunderfahrungen der Menschheit verdichtet erscheinen, daß das Staunen darüber nicht aufhört und zu immer neuen Deutungen und Innovationen führt. Das Märchen ist zu einer Fundstelle geworden – zum einen für Menschen, die in ihm nach einem Schlüssel suchen, um sich selbst verstehen zu lernen, zum anderen für Menschen aller erdenklichen Berufs- und Forschungsfelder, die in ihm ein unerschöpftes Quellenmaterial finden.

Das Märchen, so scheint es, ist eines der letzten Rätsel, das nicht auszudeuten ist – das macht es zum Faszinosum. Das Märchen, so scheint es, ist selbst ein letzter wirklicher Zauber in einer entzauberten Welt. Das macht, daß uns die Zaubermärchen magisch anziehen, daß wir sie heute für die eigentlichen Märchen halten. In unserer Kultur waren gerade sie der Feuerprobe ausgesetzt; denn was auch immer mit Zauber zu tun hatte, es wurde an den Pranger gestellt: als Hexenkult, Teufelspakt, schwarze Magie, als Aberglaube und Ketzerei. In unseren Zaubermärchen aber hat der Volksmund die Inquisition unterlaufen und uns Relikte aus einer Zeit magischen Denkens tradiert, in der die Erscheinungen der Welt noch nicht kausal begriffen, sondern als Träger geheimnisvoller Kräfte erlebt worden sind. Wir entdecken mit Staunen, daß unsere Grimmschen Zaubermärchen weit mehr als „Kinder- und Hausmärchen" sind, daß sie uns vielmehr Reste einer magisch-dämonischen Erlebenswelt überliefert haben, wie wir sie heute, dank ethnologischer Forschungen, aus den Märchen ferner Naturvölker herauslesen können. Wenn wir an die Zaubermotive des Märchens auch nicht mehr real glauben – an die Tierverwandlung, die Wiederkehr von Toten, an Zaubergabe und Jenseitswanderung – wenn wir sie heute mehr als ein Spiel der Phantasie nehmen, als ein Mosaikspiel von Möglichkeiten außerhalb der Realität, so scheinen wir ihrer dennoch zu bedürfen, wie es der Umsatz an Märchenliteratur nahelegt. Offensichtlich bedürfen wir gerade der Zaubermärchen aus vielen Gründen: weil sie unserer zweiten, fast verkümmerten Wirklichkeit, der *unio magica*, noch einmal Nahrung geben – weil wir in ihnen, wenn auch in Rätseln, von Lösungen erfahren, die wir insgeheim selbst erwarten – weil wir mit unserer Kultur in einer Zeitspirale stehen, in der uns außereuropäische und voreuropäische Vorstellungen immer konkreter einholen und begegnen.

Im Zaubermärchen ist das Zaubern die Regel; nach Max Lüthi gehört es deshalb zu Form und Stil, ja zum Strukturprinzip der Gattung. Er sagt: „Das Märchen kennt nicht die Mühe des Zauberns. Aller Zauber verwirklicht sich mühelos." Daher ist er aber auch der Meinung, daß man im Märchen weder von Wunder noch von Zauber sprechen könne und deshalb eigentlich auch den Gattungsbegriff Zaubermärchen ändern müsse. Zu einer solchen Meinung kann er freilich nur kommen, wenn er voraussetzt, daß das Zaubern mit Mühe und Arbeit verbunden ist. In der Berufszunft der Magier galt und gilt das Zaubern in der Tat als Kunst, als *ars magica*, die erlernt werden muß, sei es als schwarze Kunst, die mit dem Teufel paktierte, sei es als weiße Kunst, die mit den Engeln im Bund stand. Goethe bringt die alten magischen Intentionen auf den Punkt, wenn er Faust sagen läßt: „Drum hab ich mich der Magie ergeben, ob mir, durch Geistes Kraft und Mund, nicht manch Geheimnis würde kund." An die Magier früherer Zeiten knüpfte sich die Erwartung, daß sie gelernt hatten, Tote und Geister zu beschwören, Naturvorgänge zu beeinflussen, Träume zu deuten, Ereignisse vorauszusagen, Krankheiten anzuhexen oder abzuwenden. Aber mit dem Vordringen der Naturwissenschaften, der Medizin, der Psychologie verloren die magischen Künste ihre Macht. Für diejenigen Erscheinungen, die sich physikalisch nicht aufklären ließen, prägte man vor hundert Jahren den Begriff des Okkultismus, und sie sind seitdem das Forschungsfeld der Parapsychologie.

Unterdessen ist der Zauberer ein Unterhaltungskünstler geworden, der in Zirkuszelten und Varietés sein Publikum zum Staunen bringt – und dabei weiß es jeder, daß seine Zauberkunst nicht mehr Hexerei, sondern pure Geschicklichkeit ist. Der Zauberer von heute nennt sich Illusionist, und er gibt damit zu erkennen, daß seine Kunst darin besteht, das Auge zu täuschen. Es sieht so aus, als könne er das wirklich: etwas herbei- oder fortzaubern, aber es ist nur Schein – und wenn er ein Künstler ist, dann vermittelt er uns vor allem diesen Schein, diesen Zauber der Imagination.

Solche Zauberspielkünste können den Formen und Spielregeln des Zaubermärchens durchaus nahekommen, vor allem darin, daß sie, als Kunststücke, eine poetische oder aber ironische Distanz zur Realität herstellen. Dabei scheint es kein Zufall, daß der Zauberer von heute auf die Zaubergaben des Märchens von einst zurückgreift: auf Zauberbuch, Zauberstab, Zaubermantel, auf Zauberhut, Blumen, Tücher und Ringe. Metaphysische Macht verleihen sie ihm nicht, in seiner Hand sind sie nur noch Requisiten, präparierte vielleicht oder auch solche, die nur den Zweck haben, das Auge vom Trick fortzulenken –dennoch bleiben sie die Insignien einer großen magischen Zeit, sind sie eine letzte spielerische Reverenz an vergangene Zauberrituale.

Zauber, Märchen, Utopie – ein Wort gilt es noch zu bedenken, das mit uns und den Märchen, mit unserer Vergangenheit und unserer Zukunft zu tun hat – ein verwirrendes Wort, verwirrend, weil es extrem gegensätzliche Bedeutungen auf sich gezogen hat: das Wort Utopie.

Einschlägige Lexika reihen es in sinnverwandte Wörter wie „Fabelland, Wunderland, Märchenland, Eldorado oder Arkadien" ein, aber auch in solche wie „Einbildung, Fiktion, Wunschtraum, Täuschung, Wahn, Trugbild und Hirngespinst"; sie übersetzen es mit Nirgendheim oder Nirgendland und erklären es „als unausführbar geltenden Plan ohne reale Grundlage" oder als eine „Bezeichnung für nicht zu verwirklichende (politische, wirtschaftliche, soziale) Ideen".

Erfunden hat das Wort Thomas Morus: 1516 erschien sein Dialog „Von der besten Verfassung des Staates und von der neuen Insel Utopia". In ihm entwirft er in kunstvoll spielerischer Weise einen idealen Gesellschaftszustand, der nirgends realisiert ist, der aber urchristliche Lebensformen rückzuerinnern und kommunistische Lebensformen vorauszuahnen scheint. Gedacht war die Schrift als indirekte Kritik am Zeitgeist, aber sie kleidete sich ins Gewand eines satirischen Gedankenspiels, was schon im Wort Utopia anklingt, das sich zwar vom griechischen *ou topos* (kein Ort) herleitet, aber in englischer Aussprache gleichlautend ist mit Eutopia: Mithin wäre also das gute Land das Nichtland oder auch umgekehrt? Für die Realpolitiker dieser Welt mag das zu doppelbödig sein. Jedenfalls hatte sich Thomas schon zu Lebzeiten gegen die politische Vereinnahmung seines Denkspiels zu wehren: Sowohl die spanischen Eroberer Mexikos als auch die deutschen Bauernkriege wollten sich auf sein Utopia berufen.

Tatsächlich wird Thomas Morus zum Ahnherrn einer neuen literarischen Gattung: der des utopischen Romans. In ihr begegnen uns die Möglichkeitswelten der gegensätzlichsten Art – von der „Nova Atlantis" des Francis Bacon, der 1626 von einem hochtechnisierten Idealstaat träumt, bis zu Orwells „1984", das uns die negative Utopie eines totalen Staates vorführt. Es liegt aber auf der Hand, daß sich die utopische Literatur mit den Möglichkeitsformen des Zaubermärchens berührt. So sah der alternde Goethe die Märchen als „Spiele einer leichtfertigen Einbildungskraft" an, die „außer sich hinaus ins unbedingte Freie führen"; so spricht Ernst Bloch vom Märchen als der „ältesten utopischen Erzählung... in der Entlegenheit Zukunft, in der Entfernung utopisches Fahrziel" enthalte – und er bemerkt zur Formel „Es war einmal",daß sie „märchenhaft nicht nur ein Vergangenes, sondern ein bunteres und leichteres Anderswo" bedeute. So bezeichnet Lutz Röhrich das Märchen als „eine Utopie der Wunscherfüllung" – und Wilhelm Solms sieht „die

Welten des antiken und keltischen Mythos, die Märchenwelt, die utopischen Entwürfe in den Romanen zu Beginn der Neuzeit, die Visionen vom Unendlichen in der Romantik, die Zukunftswelten der Science Fiction oder die Anderswelten der Fantasy-Romane" in einem übergreifenden Zusammenhang, wenn er sagt: „Diese Welten sind jede für sich und alle zusammen einfach phantastisch."

Nun ist Utopie ja nicht nur ein literarisches Phänomen, sondern eine Denkform, und als solche ist sie zum Inbegriff für politische, soziale und technische Zukunftserwartungen geworden, vor allem, seitdem Marx und Engels dem Begriff eine brisante gesellschaftspolitische Bedeutung gegeben haben. Dabei distanzierte sich das kommunistische Manifest von 1848 ausdrücklich von Thomas Morus, von seiner bloß „phantastischen Schilderung der zukünftigen Gesellschaft". Marx setzte voraus, daß der real existierende Sozialismus einmal das Ende jeder Utopie sein werde. In seinem Werk „Das Prinzip Hoffnung" hat Ernst Bloch versucht, diese Aussage zu revidieren und utopisches Denken auch über den Kommunismus hinaus einzufordern. Max Horkheimer geht soweit zu sagen, daß der utopische „Traum von der wahren und gerechten Lebensordnung" nicht einfach durch ein Gesellschaftssystem okkupiert werden könne.

Aber das Erschreckende ist ja, daß die realen Utopien unseres Jahrhunderts die literarischen ad absurdum geführt und pervertiert haben: Was da als Glücksbotschaft verheißen wurde: ein Tausendjähriges Reich, eine klassenlose Gesellschaft – es endete in Unfreiheit, in Zwangsstaaten, in Machtmißbrauch, Unrecht und Gewalt. Das hat uns immun gemacht gegen utopische Versprechen, woher sie auch kommen – und dennoch gibt es viele Menschen in Europa, die darüber trauern, daß es keine soziale Utopie mehr gibt, die einen Ausweg aus diesem Jahrhundert zeigt; aber das mag eine Täuschung sein.

Im Rückblick erkennen wir, daß sich in unserem Kulturkreis utopische Erwartungen immer am Fortschrittsglauben orientiert haben –und das ebenso politisch wie wirtschaftlich, technisch wie wissenschaftlich und sozial. Nachdem wir aber mit alldem die Erde in eine Überlebenskrise gebracht haben, kann uns der Fortschrittsglaube keine Utopie mehr erwecken. Was aber dann?

Die Antwort ist: wir müssen, um Zukunft zu retten, die Vergangenheit anders befragen, wir müssen „zurück in die Zukunft", um sie uns anders neu zu eröffnen – und genau darin sind wir, seit den siebziger Jahren, von Jahr zu Jahr mehr involviert. Das Umdenken zeigte sich zuerst in den Künsten, dann im Wissenschaftsbereich und in der politischen Landschaft, schließlich für alle sichtbar in den gesellschaftlichen Veränderungen und Umbrüchen des letzten Jahrzehnts. Heute ist Europa und vor allem Deutschland eine Baustelle, und ein Teil dessen, was wir Postmoderne nennen, besteht darin, Fehlentwicklungen zu bekennen und Irrtümer einzureißen, die uns der Durchgang durch die Moderne eingebracht hat. So knüpfen wir Fäden zu solchen Epochen zurück, die wir glaubten, abgestoßen zu haben – zur Gedankenwelt des Mittelalters zum Beispiel, das so finster nicht war, wie die Neuzeit es angeschwärzt hat, zum Anfang unseres Jahrhunderts vor allem, als gäbe es hier noch einmal Weichen zu stellen und Schäden an der Wurzel zu packen. Wir haben begonnen, die Natur vor uns zu schützen, wir renaturieren Flüsse, die zu Abwässern geworden waren, verwandeln Halden und Industriebrachen wieder in blühende Gärten, erheben Gasometer und Zechenbauten zu Kunst- und Erinnerungsstätten, wir rüsten die Ruinen des Industriezeitalters zu Wissenschaftsparks um, nicht nur um Schäden zu reparieren, sondern um vor Ort das Umdenken zu lernen und zu anderen Innovationen zu kommen. Wir sind dabei, den Fortschrittszwang der Moderne in eine Erinnerungskultur zu überführen – und dies scheint existentiell notwendig, um uns auf eine globale Zukunft einzustellen.

Denn: global gesehen ist unser Kulturkreis dabei, sich zu entgrenzen, sich mit anderen Kulturkreisen zu überschneiden, sind wir in Konstellationen eingebunden, in der uns außereuropäische und voreuropäische Vorstellungen immer konkreter einholen und begegnen. Um einen interkulturellen Dialog führen zu können, muß die Erinnerung viel tiefer in unsere Kultur zurück- und zugleich viel weiter aus unserer Kultur hinausgreifen. So jedenfalls läßt sich erklären, warum das allem voran die Künste tun, warum sie sich heute mit mythischen, archaischen und zugleich mit außereuropäischen Daseinsformen auseinandersetzen. Es erklärt aber auch, warum sich die Mythen und Märchen aller Völker um uns ausgebreitet haben, denn sie sind in der Tat eine interkulturelle Basis – und zwar deshalb, weil sie unterhalb aller Rassen, Kulturen und Religionen eine gemeinsame Bildersprache haben, auf die sich alle Menschen verstehen.

Zauber, Märchen, Utopie – drei faszinierende Worte: Was sie verbindet, ist diese Idee der ‚Erinnerungskultur‘ – und wenn wir noch eine Utopie frei haben, dann kann sie nicht Weltherrschaft, sondern nur Weltversöhnung heißen.

Vortrag zur Eröffnung der Bundesgartenschau 1996 im Roncalli-Zirkuszelt

Was wussten die Grimms vom goldenen Schnitt?

Das ist eine Frage, die in 150 Jahren Grimmforschung noch niemand gestellt hat. Mir ist diese Frage wohl deshalb zugefallen, weil mich das Ereignis der Schönheit, der harmonischen, vollkommenen Form seit jeher umtreibt und ich als Künstler wie als Kunstbetrachter ein Gespür dafür entwickelt habe, wo es zu finden sein könnte. So scheint es ausgerechnet mir vorbehalten, entdeckt zu haben und nachweisen zu können, dass eine Reihe der grimmschen Märchen den Proportionen des goldenen Schnitts entspricht.

An der Vervollkommnung ihrer Märchensprache haben die Grimms nahezu ein halbes Jahrhundert gefeilt, seit der ersten Ausgabe von 1812 bis zur letzten von 1857; vor allem „Wilhelm Grimm", so schreibt Heinz Rölleke im Nachwort seiner Reclam-Ausgabe, „hat mit seinen Umarbeitungen und Erweiterungen einen Märchenton gefunden und zu stilistischer Vollendung geführt, der schon allein durch seinen Erfolg gerechtfertigt ist", und er zitiert Theodor Fontane, der meint, dass bei den Märchen der Grimms die „sprachliche Behandlung" entscheidend sei und „beinah wichtiger als das Sammeln selbst. Der Stoff findet sich schon; was ihm erst Wert leiht," so Fontane, „ist der Vortrag; der Ton entspricht dem Odem, der Leben und Seele gibt." Dass vor allem Wilhelm Grimm mit seinen sprachsensiblen Umarbeitungen nicht nur die Bildhaftigkeit des Stoffes zu erhöhen dachte, sondern zugleich nach der Harmonie der Formen gesucht und dabei zu goldenen Schnittproportionen gefunden hat – diese Vermutung liegt eigentlich nah.

Aber wie die Grimms zu ihnen gekommen sind: ob sie bewusst gesucht, ob sie die Bauhüttengeheimnisse früherer Zeiten gekannt haben – oder ob sie unbewusst, aus dem eigenen Formgespür durch Intuition zu ihnen fanden, – das haben sie uns nicht verraten. Doch ist eine Antwort darauf von sekundärer Bedeutung; denn die heutigen Forschungserkenntnisse zeigen uns in überwältigender Vielgestalt, dass es die Proportionen des goldenen Schnitts als eine Art Schönheitsgrundriss allüberall zu entdecken gibt: in der Bildung von Kristallen, in der belebten Natur bei Blättern, bei Moosen, im Blütenkorb von Sonnenblumen und Disteln, beim Bau eines Kiefernzapfens ebenso wie bei der Wachstumsspirale von Muscheln, in der Spannweite von

Libellen- und Schmetterlingsflügeln oder in der Anordnung von Augen beim Pfauenrad – schließlich und vor allem aber im Körperbau des Menschen selbst, nämlich im Verhältnis seiner Gliedmaße zueinander. Und so scheint es geradezu zwingend, dass Menschen, die ein Kunstwerk zu gestalten suchen, diesen Schönheitsgrundriss unbewusst oder bewusst finden und wiederholen, sei es in Bildern, Sprache oder Musik, sei es in Bauwerken oder Skulpturen.

Die Altertumsforschung kann nachweisen, dass bei Baudenkmälern aus den verschiedensten Kulturen schon früh goldene Schnittzahlen verwandt worden sind – so bei ägyptischen und bei aztekischen Pyramiden, bei chinesischen Pagoden, bei japanischen Häusern und auch beim Sonnentempel von Stonehenge. Für unseren Kulturkreis wurde der römische Architekt Vitruv zum bedeutenden Anreger: Seine „Zehn Bücher über Architektur", die er im Jahr 25 vor Christus schrieb, beginnen mit dem Vorschlag, die Tempel fortan nach den Maßen des menschlichen Körpers zu errichten, weil er in seinen Proportionen die vollkommenste Harmonie aufweise. Für die Proportionen einer vollkommenen Harmonie gilt der goldene Schnitt, bei dem sich die kleinere Zahl zur größeren verhält wie die größere zur Summe beider Zahlen, formelhaft ausgedrückt a : b = b: (a + b).

Der mittelalterliche Mathematiker Fibonacci (1180–1250) fand die folgende Zahlenreihe 1 : 1 : 2 : 3 : 5 : 8 : 13 : 21 : 34 : 55 : 89 : 144 …, bei der der Quotient zweier benachbarter Zahlen die beste rationale Annäherung an die goldene Schnittzahl darstellt. Diese Quotienten gelten seither als „proportia divina", als das göttliche Verhältnis, das dort wo es sich einstellt, den schönsten, den harmonischsten, eben den „goldenen Schnitt" verheißt. Fibonacci soll seine Reihe kurioserweise dadurch gefunden haben, dass er für Kaiser Friedrich II. errechnen sollte, wie unter idealsten Bedingungen das Wachstum einer Kaninchen-population verläuft.

Der goldene Schnitt, der sich auch geometrisch, als Streckenteilung, darstellen lässt, mit dem sich komplizierte Dreieckskonstellationen, Pentagramme, Fünfecke und schließlich Raumkonstellationen bilden lassen – er wurde vor allem in der Renaissance zum Maßstab der Künste. In seinen Skizzenbüchern hat Leonardo da Vinci den menschlichen Körper nach den Proportionen des goldenen Schnitts vermessen und ihn damit, für seine Zeit, zum goldenen Maß aller Dinge erhoben. Das berühmteste Bauwerk der Renaissance, das nach der Zahlenreihe Fibonaccis erbaut wurde, ist Brunelleschis

Kuppelbau des Florentiner Doms: Seine Gesamthöhe beträgt 144 Meter, Unterbau und Kuppel stehen im Verhältnis 89 : 55 Meter, und weitere Fibonacci-Zahlen bestimmen die Gliederung der Details. – Zur Einweihung des Doms im Jahre 1436 schrieb der bedeutendste Komponist der Epoche, Guillaume Dufay (1400–1474) eine Festmotette, welche die Maßzahlen des Kuppelbaus im Aufbau der Form sowie in der Auszählung der Töne und Stimmen genau übernahm. Das zeigt, welch öffentliche Bedeutung dem goldenen Schnitt in der Renaissance beigemessen wurde. Zuvor, in der Gotik, etwa beim Kölner Dom, wie auch wieder in späteren Zeiten, wurden Bau- und Kompositionspläne ja eher als Bauhüttengeheimnisse gehütet und nicht preisgegeben. In der Musik vollzog sich zur Zeit Dufays ein grundlegender Wandel: gegenüber den alten Kirchentonarten setzte sich die Durtonleiter und damit der Dur-Dreiklang als Basis eines neuen harmonischen Systems durch. Damals wusste man noch nicht, was man heute weiß: dass nämlich jeder Ton, der instrumental erzeugt wird, aus einer Summe von Teiltönen, von Obertönen, besteht, die einer immer gleichen Anordnung folgen; dabei ergeben die Teiltöne 2, 3, 5 und 8 – es sind der Grundton, die Quinte, die große Terz und die Oktav – jeweils den Durdreiklang als eine Art Naturharmonie, und es ist schon verblüffend, dass es die Maßzahlen des goldenen Schnitts sind.

Keine Disziplin hat sich so sehr auf das Bemessen von Form- und Zeitproportionen konzentriert wie die Musik; weil sie von sich aus keine Bilder, keine Erzählfäden vorbringt, ist für sie ja die Form – und deren Entfaltung in der Zeit – der eigentliche Inhaltsträger. Das lässt sich schon an den einfachsten Formen von Volksliedern erkennen, zumal an denen, die nur aus acht Takten bestehen – und davon gibt es ungezählt viele. Die meisten von ihnen haben ihren Höhepunkt, nämlich den Spitzenton ihres melodischen Bogens, im fünften Takt, teilen also die Zeitstrecke 8 in ein Spannungsverhältnis von 5 : 3. Dazu drei Beispiele: ein Tanzlied (Brüderchen, komm tanz mit mir), ein Soldatenlied (O Straßburg, o Straßburg, du wunderschöne Stadt), und ein Kirchenlied (Es kommt ein Schiff geladen). Manche Liedbögen haben auch das Verhältnis 3 : 5, und dann liegt der Spitzenton in der ersten Hälfte, was für die Spannungsverteilung ungünstiger ist.

Dazu als Beispiel ein Kinderlied (Fuchs, du hast die Gans gestohlen). Das erste Verhältnis nennt man den positiven, das zweite den negativen Schnitt.

So groß der Formenreichtum aber auch sein mag, den Kunst und Natur entfalten, er lässt sich fast immer zurückführen auf ein elementares Grundverhältnis, nämlich auf das von Entsprechung und Gegensatz. Entsprechung – das ist Wiederholung, Variante, Reihungsform, Episode, Strophe, Litanei, Ritual. Spannungsreicher sind freilich die Formen, die aus einem polaren Gegensatz bestehen: Frage und Antwort, Strophe und Refrain, These und Antithese, Schwarz und Weiß, Gut und Böse – aus allen Bereichen des Lebens lassen sich solche Gegensatzpaare zusammentragen, und was die Märchen angeht, so fallen uns dabei solche zweiteiligen wie „Frau Holle" oder „Die kluge Else" ein.

Für das Hören von Musik wie für das Erzählen von Geschichten gilt wohl, dass erst im Zusammenspiel von Entsprechung und Gegensatz die Zeit in ihrer inneren Dimension erlebt werden kann. Das Erleben von Zeit entsteht so vor allem dadurch, dass die augenblickliche Wahrnehmung mit Erinnerungen verknüpft wird, mit der Wiederholung von Erfahrenswerten, die unverändert oder in verschleierter Gestalt wiederkehren und erkannt werden wollen. Entsprechung und Gegensatz – das bedeutet ein Verknüpfen von Gegenwärtigem mit Vergangenem, von Augenblickswahrnehmung mit Erinnerung – und das Geheimnisvolle ist: im Hörvollzug steigern sich Augenblick und Erinnerung aneinander zu neuer Qualität – sie spannen das Vorstellungsvermögen an und wecken Erwartungen auf ein Drittes, Zukünftiges – und so werden wir gerade durchs Hören befähigt, die drei Zeiten Vergangenheit, Gegenwart und Zukunft simultan zu erfahren.

So kommt es, dass Entsprechung und Gegensatz fast immer von einer Zweier- zu einer Dreierbeziehung streben: A B A – Stollen, Stollen, Abgesang – Exposition, Durchführung, Reprise – These, Antithese, Synthese – Vergangenheit, Gegenwart, Zukunft. Nirgends ist das Verhältnis von 2 auf 3 so grundlegend ausgehört worden wie in der Musik: So lässt sich vor allem jedes rhythmische Gefüge auf das Wechselspiel von geraden und ungeraden, von Zweier- und Dreierbeziehungen zurückführen – und Melodiebögen, Satzbögen und auch größere Formzusammenhänge spannen und entspannen sich am häufigsten im Verhältnis von 2 : 3, also in den Maßzahlen des goldenen Schnitts – und so lässt sich wohl annehmen, dass sie in der sinnlichen Wahrnehmung des Menschen naturgemäß angelegt sind.

Dass die Verhältniszahlen 2 und 3 den Erzählstil der Volksmärchen grundlegend bestimmen, bedarf wohl keiner Interpretation. In Erinnerung gebracht sei das Achtergewicht, das stets auf die Drei fällt, wenn nämlich der dritte Versuch glückt; sodann das Wiederholungs- und Variationsprinzip, das den Fortgang der Zeit gewissermaßen einkreist – vor allem die Gliederung in Episoden, die sich ja zumeist in Dreierschritten vollzieht – schließlich die Verknüpfung der drei Zeiten Vergangenheit, Gegenwart, Zukunft zu einem ganzheitlichen Erlebensraum; und diese Anwesenheit von Vergangenheit und Zukunft in der Gegenwart ist in den Märchen besonders präsent: „Es war einmal, es wird eines Tages sein, das ist aller Märchen Anfang.“

Dass in den grimmschen Märchen sogar auch Schnittproportionen in der Verknüpfung von 2, 3, 5 und 8 auftauchen, hängt zumeist mit der Platzierung von Singversen zusammen. So wird im Märchen „Die Gänsemagd“ (KHM 89) der Klageruf „Wenn das deine Mutter wüßte, das Herz im Leibe tät ihr zerspringen“ fünfmal ausgesprochen – in der ersten Periode zweimal von den drei Blutstropfen, in der zweiten Periode, leicht verändert, dreimal vom Pferdekopf; fünfmal hört ihn die Königstochter, dreimal das Kürdchen und zweimal der König – zudem werden die fünf Klagesprüche durch drei Windsprüche kontrapunktiert, die dem Kürdchen das Hütchen vom Kopfe wehen. – Ein rhythmisch höchst differenziertes Zeitgefüge findet sich im Märchen „Von dem Machandelboom“ (KHM 47): Das Lied, das der Vogel achtmal singt – und zwar fünfmal als durchlaufende Strophe und dreimal mit Einschüben der Zuhörer – ist für sich genommen eine Art Rondoform im goldenen Schnitt.

Die Idee, grimmsche Märchen insgesamt nach goldenen Schnittzahlen zu befragen, ist mir zwar ganz plötzlich gekommen; aber sie basiert zum einen auf langen kompositorischen Vorerfahrungen, zum andern auf meinen Analyseseminaren an der Hochschule, in denen ich mich mit Formproblemen der Neuen Musik herumgeschlagen habe. Was den goldenen Schnitt betrifft, so bin ich besonders bei Stücken von Bela Bartok fündig geworden; ich habe herausgefunden, dass er vor allem seine chromatisch komponierten Sätze nach Regeln des goldenen Schnitts gebaut hat.

In seiner „Musik für Saiteninstrumente, Schlagzeug und Celesta“ von 1936, einem der Meisterwerke des 20. Jahrhunderts, verwendet er die Fibonacci-Reihe, um ein Höchstmaß an Spannung und Vollkommenheit zu erzielen. Der erste Satz, eine sogenannte Fächerfuge, hat 89 Takte; sein Höhepunkt liegt hörbar bei Takt 55; bis dahin durchläuft das Fugenthema in 12 chromatischen Einsätzen drei Durchführungs-Abschnitte, die in Längen von 21 + 13 + 21 Takten gegliedert sind; im zweiten, 34 Takte langen Teil laufen die Fugeneinsätze dann verkürzt, in Umkehrungen quasi zurück und bilden dabei Abschnitte von 13 + 8 + 5 + 8 Takten:

1. Durchführung des Fugenthemas	21	
2. Durchführung verkürzt	+ 13	= 34
Engführung	+ 21	= 55
Umkehrungen des Fugenthemas	13	
Umkehrungen verkürzt	+ 8	= 21
Thema im Spiegel	5	
Fugenköpfe	+ 8	= 13

So ist der ganze Satz exakt nach Fibonaccis Zahlenreihe gebaut, und zwar im sogenannten positiven Schnitt 55 : 34. Über die Verwendung seiner Kompositionsmethode hat Bartok nirgends eine Aussage gemacht; sie blieb sein Werksgeheimnis, und meine Frage ist: Haben auch die Grimms von den Fibonacci-Zahlen gewusst und dies nicht verraten – oder haben sie zu solchen Proportionen intuitiv gefunden?

Die sieben Raben (KHM 25) waren das erste Märchen, bei dem ich den goldenen Schnitt vermutete; bei Rölleke hat der Text 93 Zeilen und fünf Abschnitte; wenn ich die halb gefüllten Seiten an den Abschnittsenden abziehe, sind es 91 Zeilen: und das kommt der Fibonaccizahl 89 sehr nah; und dabei ergibt sich bei der Abrundung der Schnittzahlen nach unten eine immer größere Angleichung: 91 – 56 – 35 – 21 – 13 – 8 – 5. Die Abschnitte gliedern exakt die fünf Episoden des Märchens und haben dabei folgende Seitenzahlen:

1 Die Verwünschung des Vaters	20	= 20
2 Das Mädchen	23,5	
3 und seine Suchwanderung	+ 11,5	= 35
4 Das Mädchen im Glasberg	+ 21	= 55
5 Die sieben Raben und das Erkennen	+ 9 + 6	= 91

Dabei ist die Angleichung an die goldenen Schnittreihen bei den höheren Zahlen evident, bei den niedrigen dagegen ungenauer. Aber wir haben ja erkannt, dass die goldene Schnittzahl in besonderer Weise irrational ist – und so könnte es geradezu Absicht und vielleicht auch der Reiz der Textkomposition sein, die rationale Spur zu verwischen. Dazu später mehr; hier aber vorerst ein Erfahrensbericht, der dies bestätigen könnte: 1973 erhielt ich den Auftrag zu einem Interview mit dem Komponisten Boris Blacher (1903–1975); Anlass war die Uraufführung seiner letzten Oper „Yvonne, Prinzessin von Burgund" in Wuppertal. Ich fragte Blacher, der zuvor Architekt gewesen, wie er denn beim Komponieren mit dem goldenen Schnitt umgehe, und er sagte, dass er in seiner Arbeit immer präsent sei, aber wenn ihm das Resultat zu ausgeklügelt erschiene, dann würde er die Maßzahlen solange gegeneinander verschieben, bis sich das einstelle, was ihm emotional vorgeschwebt habe. Das, so scheint mir, ist eine bemerkenswerte Aussage aus erster Hand.

Dazu hier eine eigene Erfahrung: ob ich komponiere oder ein Gedicht schreibe, immer bin ich dabei auf der Suche nach einer Form, die dem Inhalt entspricht. Manchmal erreiche ich das, was mir vorschwebt, nur in Abschnitten, weil über der Arbeit andere Ebenen auftauchen, die auch formal neu zu bedenken sind; aber manchmal glückt es mir, dafür Formschichtungen zu finden, die einander durchdringen und sich zu etwas verfugen, was dann besser ist. Für das Märchen „Die Kristallkugel" (KHM 197) haben die Grimms eine Form gefunden, die geradezu durchsichtig, ja kristallin erscheinen mag. Der Text hat bei Reclam 105 Zeilen und vier Abschnitte, wobei der erste folgende drei Episoden zusammenzieht: eine Exposition die das Verhängnis der drei Söhne vorstellt, dann den Aufbruch des Jüngsten zum Schloss der goldenen Sonne und schließlich seinen Weg in die Anderswelt, bei dem er den Riesen begegnet und den Wunschhut gewinnt. Das Hauptkapitel gehört der verwunschenen Königstochter und den Bedingungen, die zu ihrer Erlösung zu erfüllen sind. Darauf folgt der Kampf mit dem Auerochsen, den der

Jüngling nur mit Hilfe seiner in Adler und Wal verwandelten Tierbrüder zu gewinnen vermag – der letzte Abschnitt berichtet dann von der Aufhebung der Verwünschungen.

In der Reclam-Ausgabe stehen alle sechs Episoden so gut im goldenen Schnitt der Fibonacci-Reihe zueinander, dass es keiner Rechenoperation bedarf und wenn man die ersten dreizehn Zeilen als Exposition nimmt, so bilden die nun folgenden fünf Episoden, gleich einem Kristall, eine Art Spiegelsymmetrie: 8 – 22 – 34 – 20 – 8; in der Kristallkunde nennt man dies eine Drehspiegelachse. Die Form dieses Märchens reift geradezu im mikrokosmischen Sinne, und dies eher unbemerkt, zur Vollkommenheit heran, und sie entspricht dabei genau der inhaltlichen Aussage der „Kristallkugel", nämlich der Wiederherstellung der kosmischen Schönheit nach einer Phase des Chaos.

Was wussten die Grimms vom goldenen Schnitt? Haben sie in diesem Märchen nicht zu gestalten vermocht, was die Naturwissenschaften, die Biologie wie die Physik heute erkennen, dass nämlich die Schönheit des goldenen Schnitts ein Grundprinzip aller Energie, allen Lebens ist, das die Muschel im Meer und die Menschen ebenso durchpulst wie die Sterne und Galaxien? Der goldene Schnitt, sagt die Chaosforschung, stellt sich ein im Augenblick höchster Entfaltung, ob bei der Sonnenblume, beim Menschen oder im Kosmos; aber er ist ein fragiles Durchgangsstadium, das sich aus chaotischen Anfängen entwickelt und bald wieder zerfallen muss. Ist es das, dieses Vergängliche aller Schönheit, was uns erschüttert und doch immer nach ihr suchen lässt?

Das erste und das letzte Märchen der Sammlung: „Der Froschkönig oder der eiserne Heinrich" (KHM 1) und „Der goldene Schlüssel" (KHM 200) – habe ich mir für den Schluss aufbewahrt; nicht von ungefähr sind sie für die

Grimms zu Eckpfeilern ihrer Sammlung geworden, und so sollen sie auch für meinen Fund die Feuerprobe sein. Schon dass der „Froschkönig" bei Reclam eine Länge von 144 Zeilen hat, die beiden Verseinheiten unverkürzt mitgerechnet, ist ja ein unverhofftes Glück; garantiert es doch einen Nachweis mit den originalen Fibonacci-Zahlen. Erzählt werden drei Episoden, die in sieben Abschnitte unterteilt sind. Die erste Episode umfasst drei Abschnitte; sie spielt im Wald, und dort, im Außensitz, begegnet die Königstochter dem verwunschenen Frosch. Die zweite Episode ist die zentrale und hat zwei Abschnitte; sie spielt am Königshof, wo der Frosch erscheint, um das Versprechen der Königstochter einzuklagen und seine Erlösung zu erzwingen. Die dritte Episode erzählt von den Erlösten, vom Königssohn, der „von einer bösen Hexe verwünscht worden" war, und vom treuen Diener Heinrich, der sich aus Kummer darüber drei eiserne Bande um sein Herz hatte legen lassen.

1	Die Königstochter am Brunnen	11,(5)	
	Die goldene Kugel und der Frosch	+ 33	
	Das nicht gehaltene Versprechen	+ 11	= 55
2	Der Frosch klopft an	21	
	und erzwingt die Einhaltung des Versprechens	+ 34	= 55
3	Die Erlösten und Heinrichs eiserne Bande	+ 11,5	= 33

Die Zeilenaufteilung der sieben Abschnitte lässt in schöner Deutlichkeit erkennen, wie kunstvoll sie miteinander verknüpft sind, ja dass sie sogar verschiedene Spiegelsymmetrien untereinander bilden: im ersten Abschnitt 11 – 33 – 11; sodann im zweiten 21 – 34 – 11 und darüber hinaus sogar 11 – 21 – 34 – 21 – 11.

Sichtbar wird auch, dass die beiden Hauptepisoden die gleiche Länge von 55 Zeilen haben. Das Verblüffendste aber ist, dass alle Zahlenreihen die Fibonacci-Reihe ziemlich genau erfüllen.

Wie für die Grimms der „Froschkönig" (KHM 1) in allen Auflagen die Nr. 1 blieb, so bildete „Der goldene Schlüssel" (KHM 200), wie auch immer die Sammlung sich änderte und wuchs, stets den Beschluss.

Zur Winterzeit, als einmal ein tiefer Schnee lag, mußte
ein armer Junge hinausgehen und Holz auf einem Schlit-

ten holen. Wie er es nun zusammengesucht und aufgeladen hatte, wollte er, weil er so erfroren war, noch nicht nach Haus gehen, sondern erst Feuer anmachen und sich ein bißchen wärmen. Da scharrte er den Schnee weg, und wie er so den Erdboden aufräumte, fand er einen kleinen goldenen Schlüssel. Nun glaubte er, wo der Schlüssel wäre, müßte auch das Schloß dazu sein, grub in der Erde und fand ein eisernes Kästchen. „Wenn der Schlüssel nur paßt!" dachte er. „Es sind gewiß kostbare Sachen in dem Kästchen." Er suchte, aber es war kein Schlüsselloch da, endlich entdeckte er eins, aber so klein, daß man es kaum sehen konnte. Er probierte, – und der Schlüssel paßte glücklich. Da drehte er einmal herum, und nun müssen wir warten, bis er vollends aufgeschlossen und den Dekkel aufgemacht hat, dann werden wir erfahren, was für wunderbare Sachen in dem Kästchen lagen.

Dies sind nur 18 Zeilen. Um sie nach dem goldenen Schnitt aufzuschlüsseln, bedarf es einer präzisen Betrachtung der Schnittzahlen; sie lauten 18 – 11,1 – 6,9 – 4.2. Gehen wir den Text von oben an, so glänzt 6,9 die Botschaft auf, die den weiteren Fortgang bestimmt: einen „kleinen goldenen Schlüssel", und so ergibt sich von dort bis zum Ende ein Verhältnis von 6,9 : 11,1. Ein zweiter Schnitt dreht das Verhältnis jedoch in 11,1 : 6,9 um: Er liegt zwischen den Worten „Kästchen" und „Er suchte …" In der Mitte überschneiden sich beide Verhältnisse und schließen eine gemeinsame Textstelle von 4,2 Zeilen ein, in welcher der Junge über seinen Fund nachdenkt: Er reicht von „kleinen goldenen Schlüssel" bis „in dem Kästchen". Und so dreht sich das ganze Gebilde um eine spekulative Achse, und zwar so, wie ein Schlüssel sich „einmal herum" dreht. „Der goldene Schlüssel" (KHM 200), ist er nicht weit mehr als ein „Neckmärchen", wie Bolte und Polivka meinen? Ist er nicht vielmehr eine Art Code, ein Schlüsseltext dafür, wie die lebenslang umhütete Sammlung insgesamt aufzuschließen sei?

In seinem Buch „Die Natur der Schönheit" hat Friedrich Cramer, Direktor des Max-Planck-Instituts für experimentelle Medizin, eine wesentliche Erfahrung seiner Forschungen mitgeteilt, die auch die Grimms betreffen und mich selbst zutiefst berühren. Er sagt: „Was wir Schönheit nennen, gehört weder der reinen Ordnung noch dem reinen Chaos an. Schönheit entsteht vielmehr überall dort, wo das Chaos in die Ordnung oder wo die Ordnung in das Chaos mündet in jenem irreversiblen Schritt, der sich nicht voraussehen, der sich nicht berechnen und der sich daher auch nicht umkehren, nicht wiederholen lassen kann. Schönheit ist gleich der offenen, irrationalen Ordnung des Übergangs, und so ist sie ihrem Prinzip nach vergänglich, fragil, gefährdet und je nur einmalig."

Dreizehn Märchen der Grimms im goldenen Schnitt! Möglicherweise sind es nicht mehr, die sich finden lassen; doch sind es für einen Ausnahmezustand nicht schon viele? Einige andere Märchen, etwa „Dornröschen", waren wohl auf dem Weg dahin, haben aber inhaltsbedingt zu anderen Formen finden müssen. Der goldene Schnitt – ist er eines der Geheimnisse der Sprache Grimm, die sie uns verschwiegen haben? Wächst ihr mit seiner Entdeckung nicht eine neue, bislang unbekannte Dimension von Qualität zu?

(Für seine Entdeckung erhielt Heinz-Albert Heindrichs 2001 den Europäischen Märchenpreis.)

Märchen als Brücke vom Hören zum Sehen

Wer in seiner Kindheit das Glück erfahren hat, Märchen zu hören – den Märchen zuzuhören – der behält eine lebenslange Erinnerung davon, wie damals, über das Hören, eine magische Welt von Bildern aufstieg: der dunkle Wald, in den die Kinder immer tiefer gerieten – das schneeweiße Vöglein – das Häuslein aus Brot, aber die Fenster von hellem Zucker – die steinalte Frau mit den roten Augen – der Backofen, aus dem die Feuerflammen schon herausschlugen[1]: es waren die Bilder der eigenen, jungen Erlebniskraft, und es bedurfte einer schöpferischen Anstrengung, eines Phantasieschubs, um sie vom Hören ins Sehen umzusetzen.

Offenbar ist in unseren Märchen etwas von der urtümlichen Fähigkeit erhalten geblieben, die einmal alles mündlich überlieferte Dichtungsgut ausgezeichnet haben mag: Es ist die Fähigkeit, mit dem Erzählritual zugleich das Sehen von Bildern zu evozieren. In unserer Schriftsprache, die nicht mehr von Bildern, sondern von Begriffen beherrscht wird – in unserer Literatur, die nicht mehr gehört, sondern gelesen sein will, ist diese Fähigkeit zwar mehr und mehr verblasst, aber sie ist, wenngleich verschüttet, auch in jedem von uns noch latent vorhanden. „Sprich, damit ich die sehe" – so hieß eine alte Forderung des Aristoteles: so aber hat auch Heinz Schwitzke sein berühmtes Buch genannt, in dem er, vor fünfzig Jahren, die neue Gattung des Hörspiels begrüßte und es dahingehend interpretierte, „daß es – eine rund 500jährige Entwicklung überspringend – die Sprache wieder deliteriert und Methoden erprobt, die galten, als die Homeriden ihre Gesänge mündlich von Haus zu Haus trugen." Von der neuen Kunstform des Hörspiels erwartete er so eine Rückgewinnung der alten, verschütteten Wahrnehmungsfähigkeiten: „nämlich da, wo Herz und Phantasie des Lauschenden sich berühren und durch die Bilder weckende Kraft des Worts zu spontanen schöpferischen Reaktionen veranlaßt werden."[2]

---

1 Hänsel und Gretel (KHM 15).

2 Heinz Schwitzke (Hrsg.): Sprich, damit ich dich sehe. München 1961, S. 28 und 18.

Was hier vom Hörspiel neu erwartet wird, ist mir selbst beim Hören Grimmscher Märchen schon früh widerfahren, und eine besondere Rolle spielte dabei das Märchen „Von dem Fischer un syner Fru".[3] Ich erinnere mich, im Dunkel wach gelegen und mir die Situationen des Buttmärchens vorgestellt zu haben, und hierbei kamen die Farben der sich wandelnden See immer wieder auf mich zu. Ich sah „dat blanke Water … ganß gröön un geel" werden, dann „vigelett un dunkelblau un grau", schließlich „ganß swart un dick … un de Himmel ganß pickswart" – und ich hatte eine dunkle Ahnung davon, dass die Farben nicht nur das Wasser, sondern vielmehr den Seelenzustand des Fischers meinten: Die Kraft der Worte hatte die Bilder geweckt, sie begannen in mir zu arbeiten und meine Phantasie in Gang zu setzen, obwohl oder vielleicht gerade weil ich das Meer selbst noch nie gesehen hatte.

Heute kenne ich das Meer, und seine Realität hat meine Vorstellungen eingeholt. Heute kenne ich die Quellenlage des Fischermärchens und weiß, dass es vom Maler Philipp Otto Runge aufgezeichnet wurde, was die besondere Bilderqualität erklären hilft. Runges Buttmärchen tendiert ja in seiner Bildersprache eher zu den Kunst- als zu den Volksmärchen. Warum wir den Kunstmärchen eine stärkere Bildhaftigkeit zuschreiben als den Volksmärchen, das ist eine Frage, die sich vornehmlich im deutschen Sprachraum ergeben hat. Sie ist orientiert an den Märchen der deutschen Romantiker, an Dichtern wie Novalis und Tieck, Brentano und E. Th .A. Hoffmann, bei denen die Entsprechungen von Klang und Bild, von Ton und Farbe, von Hören und Sehen ja eine geradezu euphorische und auch virtuose Steigerung erfahren haben.

Warum wohl haben sich die Romantiker mit der Gattung Märchen so identifiziert und sie zu ihrer programmatischen Aussageform erhoben? Die Antwort kann nur lauten: weil sie im Volksmärchen alternative Dimensionen entdeckt hatten, die ihnen die Literatur vorenthielt. Es war vor allem die Wiederentdeckung des Hörraums und seiner verschütteten Qualitäten: die Märchen von Brentano und E. Th. A. Hoffmann – auch sie wollen nicht gelesen, sondern wieder gehört werden; daraufhin sind sie erfunden, und nur im Hörakt entfalten sie ihr kunstreiches Programm, immer mehrere Sinnesebenen zugleich anzusprechen. Synästhesie – das war für das 19. Jahrhundert

---

3   Von dem Fischer un syner Frau (KHM 19).

ein vorwiegend romantisches Phänomen, das sich an der Wiederentdeckung von Volksdichtung entzündete. Die Spur dahin hatte Johann Gottfried Herder gelegt, als er, eine Generation zuvor, mit dem Sammeln von Volksliedern begann. So schrieb er 1770, in einer Abhandlung über den Ursprung der Sprache: „ Mir ist mehr als ein Beispiel bekannt, da Personen, vielleicht aus einem Eindruck der Kindheit, nicht anders konnten, als unmittelbar durch eine schnelle Anwandlung mit diesem Schall jene Farbe zu verbinden."[4]

Synästhesie – das ist indessen kein begrenztes Phänomen unserer Literatur- oder Musikgeschichte – es ist vielmehr ein grenzenloses Phänomen, dem jeder Mensch an jedem Tag vielfach begegnet, und das die Menschen daher zu allen Zeiten und in allen Völkern und Kulturen beschäftigt hat. Das griechische Verb ‚synaisthanomai' heißt so viel wie ‚mitempfinden' – und somit versteht man unter Synästhesie die „Mitempfindung einer Sinnessphäre mit einer anderen."[5] In der Tat sind bei jeder Sinneswahrnehmung die anderen Sinne mehr oder weniger beteiligt – etwa beim Schmecken das Riechen, beim Hören aber vor allem das Sehen. So ist auch unsere Sprache durchsetzt von Bezeichnungen, die auf synästhetischen Vorstellungen beruhen. Hören wir einmal die Bezeichnungen an, die wir zur Bestimmung von Tonlagen benutzen – wir sagen: hoch und tief – dünn und dick – leicht und schwer – scharf und stumpf – hell und dunkel – warm und kalt – rauh und schneidend – aber all dies sind Empfindungen, die wir andern Sinnenreizen entlehnt haben, und zwar, ohne dies in irgendeiner Weise befremdend zu finden. Offenbar ist uns diese Form synästhetischer Verknüpfung ohne weiteres einsichtig. Herder hat aus solchen Sprachbeobachtungen hergeleitet, dass es einmal eine ursprüngliche ‚Einheit der Sinne' gegeben haben müsse – und der Musikästhetiker Albert Wellek hat für solche Verknüpfungen den Begriff der ‚Ursynästhesie' – der Urentsprechung – geprägt. Solche Urentsprechungen entdeckte Wellek bei vielen Völkern und Kulturen, „etwa wenn die Saiten der Lyra bei den vorklassischen Griechen den vier Elementen zugeordnet werden, und zwar so, daß die höchste dem Feuer, die tiefste der Erde zukommt".[6] Demzufolge

---

4   Johann Gottfried Herder, zit. nach Wellek in: Musik in Geschichte und Gegenwart (MGG), Kassel 1954, Bd. 3, S. 1806.

5   Honegger/Massenkeil (Hrsg.): Lexikon der Musik, Freiburg 1982, Bd. 8, S. 66.

6   Albert Wellek in: Musik in Geschichte und Gegenwart (MGG), Kassel 1954, Bd. 3, S. 1807.

hatte man für hohe und tiefe Töne keine eigenen Bezeichnungen, sondern verwendete für sie die Vokabeln ‚oxýs‘ – das heißt scharf und brennend – sowie ‚barýs‘ – und das heißt schwer.

Aus solchen Entsprechungen mögen wir folgern, dass die Menschen einer früheren Kulturstufe sich und die Welt in einer urtümlichen ‚Einheit der Sinne‘ erlebten und dass die Bildergeschichten, die sie erfanden und sich erzählten, davon ganz erfüllt waren. Ursynästhesie – das dürfte einmal eine so innige Verschmelzung von Sinnesreizen gewesen sein, dass das Hören von Warnschreien zugleich die Empfindung greller Farben auslöste. Kinder sind solch unbefangenen Erlebnisqualitäten noch am ehesten nah – und so haben sie beim Hören von Märchen noch eine entfernte Anschauung davon.

Mit der Aufzeichnung von Sprache beginnt indessen auch immer die Reflexion darüber, warum Erfahrungen so sind und ob sie Zufällen oder Gesetzen folgen. Von Aristoteles haben wir die Vorstellung übernommen, dass die Harmonie der Farben auf denselben einfachen Zahlenverhältnissen beruhe wie die der musikalischen Konsonanzen. Heute wissen wir, dass auch die Inder, die Perser und Araber ähnliche Vergleiche aufgestellt haben, und dies zum Teil schon früher. Die Römer waren so pragmatisch, die stimmigen Proportionen musikalischer Intervalle in Architekturpläne umzusetzen – und auch heute noch vertrauen sich Künstler solchen proportionalen Entsprechungen an: so baut der griechische Bildhauer Joannis Avramidis seine Figuren aus Bronzescheiben auf, deren Maße nach musikalischen Intervallzahlen berechnet sind, und das Auge kann Harmonien und Disharmonien tatsächlich sehen. Auffallend ist, dass sich die meisten Spekulationen an der Musik orientieren, offensichtlich deshalb, weil man sich wenigstens hier an ein paar Zahlen halten kann.

1704 veröffentlichte Isaac Newton das erste Lehrwerk einer ‚Farbenharmonie‘[7] – dabei berief er sich auf Johannes Keplers ‚Sphärenharmonie‘[8] von 1619, in der ein kosmischer Zusammenhang zwischen den sieben Intervallen unseres Tonsystems und den sieben Planeten unseres Sonnensystems aufgestellt und berechnet wird. In Keplers ‚Sphärenharmonie‘ erscheinen die sieben Intervalle der irdischen Musik als das tönende Abbild einer himmlischen

---

7   Isaac Newton: Optics, London 1704 (deutsch Leipzig 1898).
8   Johannes Kepler: Harmonices mundi, Libri 5, Linz 1619.

Musik, einer Musica mundana. „Die Sonne tönt nach alter Weise in Brudersphären Wettgesang und ihre vorgeschriebne Reise vollendet sie mit Donnergang", so lässt Goethe – ganz im Sinne Keplers – das Himmelsvorspiel zu seinem „Faust" beginnen.[9] Newton hat in seiner Farbenlehre versucht, den sieben Intervallen der Tonleiter einen Farbkreis von sieben Hauptfarben zuzuordnen, und dabei hat er Keplers Gesetz über das Verhältnis von Bahnabständen und Umlaufzeiten der Planeten angewandt. Mit ihm versuchte er rechnerisch nachzuweisen, dass seine sieben Farben den sieben Intervallen entsprechen und zudem einen analogen Zusammenhang mit den sieben Planeten bilden.

Newtons ‚Farbenharmonie' war der Gesprächsstoff des 18. Jahrhunderts und zugleich der Ausgangspunkt unzähliger Experimente und Spekulationen, aber ebenso vieler Zweifel. Den entscheidenden Einwand gegen Newton erhob schließlich die Psychologie, wenn sie sagt, dass man physikalische Gegebenheiten nicht mit psychologischen Qualitäten gleichsetzen darf – und das ist eine Aussage, die das Erforschen und Bewerten synästhetischer Wahrnehmungen entscheidend beeinflusst hat.

Seit dem Beginn des 20. Jahrhunderts ist Synästhesie ein Forschungsfeld innerhalb der Sprach-, Kunst- und Musikwissenschaften, das jeweils in die Psychologie wie in die Ästhetik dieser Fächer hinübergreift. In der Forschung, zumal in der empirischen, geht es freilich immer um nachprüfbare Beweise, und um sie zu sichern, bedarf es eines Katalogs von Fachbegriffen und einer Skala gradueller Unterscheidungen. Nichts von alldem habe ich bislang ins Spiel gebracht und werde es auch weiterhin vermeiden – zum einen, weil die Terminologie den Unkundigen verwirrt – zum andern, weil sie vom Thema selbst fortlenken würde. Zu bedenken ist allerdings ein grundsätzliches Problem, das alles bisher Gesagte in ein anderes Licht rückt: Es ist das Problem, dass die Forschung zwischen ‚echten' und ‚unechten' Synästhesien unterscheidet. ‚Echte' Synästhesien sind für sie solche, bei denen eine Empfindung eine andere Empfindung tatsächlich mitauslöst. Hier ein lapidares Beispiel: Immer, wenn ein Griffel über die Schiefertafel quietscht, bekomme ich eine Gänsehaut – und nicht nur ich, sondern auch viele andere Menschen erleben es so. Primäre und sekundäre Empfindung – sie erscheinen

---

9   Johann Wolfgang von Goethe: Faust, Werke Bd. 3, München 1981, S. 16.

unmittelbar aneinander gekoppelt – sie werden, wie die Forschung sagt, zu einer ‚Doppelempfindung‘.

Hierzu nun ein spezielles Beispiel: Immer, wenn ich den C-Dur-Akkord höre, sehe ich auch die Farbe Weiß – immer, wenn ich den Es-Dur-Akkord höre, sehe ich auch die Farbe Weiß-Gold – und nicht nur ich, sondern auch einige andere Testpersonen sehen es so: Für den Wissenschaftler wäre dies der Nachweis einer ‚echten‘ Synästhesie. Was die Forschung indessen an Fallbeispielen vorweisen kann, mag dem normalen Bürger nicht mehr geheuer erscheinen – so etwa der Fall des Wiener Musikers Robert Lach, der seine Phänomene 1903 zunächst selbst beschrieben hat und sie in den Folgejahren mehrfach überprüfen ließ: Lach hörte Farben für sämtliche Töne und Intervalle, für sämtliche Tonarten und Instrumente, aber auch für alle Vokale und Konsonanten – und so sah er alle Musik und alle Sprache in Farben, die er genau bestimmen konnte.[10]

Dies eine Fallbeispiel mag genügen, um etwas Entscheidendes an ihm zu erkennen: ‚Echte‘ Synästhesien lassen der Phantasie keinen Spielraum – denn wo Ursache und Wirkung so mechanistisch aneinander gekoppelt erscheinen, wird ein schöpferisches Anders-Reagieren nahezu verunmöglicht. So dürfte mein Anliegen weniger ‚wissenschaftlich‘ als vielmehr künstlerisch und kunstpädagogisch begründet sein und sich auf solche Synästhesien erstrecken, welche die Wissenschaft als ‚unecht‘ bezeichnet. Lässt man komplizierte Unterscheidungen beiseite, so sind, vereinfacht gesagt, ‚unechte‘ Synästhesien solche, bei denen einer Empfindung ‚nur‘ eine Vorstellung folgt, etwas in der Vorstellung Gedachtes, Imaginiertes – und das ist klar, dass sich solche Wahrnehmungsfelder einer messbaren Kontrolle entziehen. Daher begegnet die Forschung den Künsten mit Skepsis – ganz besonders sogar den Märchen der Romantiker und den Tondichtungen der Programmusiker; sie wird aber dort auch fündig: etwa bei E. Th. A. Hoffmann, wenn er Akkorde exakt durch Farben beschreibt – etwa bei Richard Wagner, wenn er, im Vorspiel zu „Rheingold“, vier lange Minuten einen Es-Dur-Dreiklang aus der Tiefe aufbaut, um im Hörer die Wogen des Rheins und das in ihm verborgene Gold zu imaginieren.

---

10 Robert Lach: Über einen interessanten Spezialfall von ‚Audition coloree‘. In: SIMG IV, 1903, S. 589-607.

E. Th. A. Hoffmann und Richard Wagner – sie sind freilich die besten Zeugen dafür, dass es keinen Sinn macht, ihr Werk auf eine bloße Fähigkeit des ‚Tönesehens‘, des ‚Farbenhörens‘ zu reduzieren. Gerade sie haben diese Fähigkeit ja nicht um ihrer selbst willen genutzt, sondern vielmehr, um durch sie hindurch zu einer Welt der Symbole zu gelangen. So schärft sich unser Blick nun dahingehend, dass es um mehr geht als um ein Spiel der Sinne: Es geht darum, den Schlüssel zu einem symbolischen Verständnis der Welt zu finden – und ein solcher Schlüssel ist das Erwecken von Phantasie. Dass die Märchen das Tor zu öffnen vermögen, ist wahr, und wir lesen es früh und beglückt in den Augen der Kinder – aber das Tor offen zu halten, ist uns schwerer geworden denn je – und so sehen wir ebenso früh und erschreckt, wie es sich wieder verschließt. Den Mechanismus, der dies verursacht, ihn haben wir eben benannt, ohne ihn recht zu erkennen: Das Tor geht zu, die Phantasie stirbt immer da, wo uns die Anstrengung genommen wird, das eigene Anschauen fortzuentwickeln. „Was ich nicht weiß, geht mich nichts an“, sagt eine tiefsinnige Formel von Günter Eich[11] – und in der Tat, der alte Widersacher der Phantasie ist in unserem Bildungsverständnis bislang immer das Wissen gewesen: Seit der Renaissance, dem Beginn der Aufklärungszeit, hat es uns die Bilder genommen, indem es sie wegerklärte. Heute aber sieht sich die Phantasie einem ganz anderen Widersacher ausgeliefert: der Totale einer Medienwelt nämlich, die uns mit fertigen und vielfach unstimmigen Bildern überflutet; sie macht vor allem unsere Kinder wehrlos, ihr eigenes schöpferisches Potential zu entdecken – es sei denn, man hilft ihnen, aus der süchtigen Konsumentenrolle herauszufinden. Der Schriftsteller Dieter Wellershoff sieht uns allerdings als eine korrumpierte Gesellschaft, die sich täglich in die Gefahr totaler Zerstreuung begibt, indem sie nämlich „eine Reizbedürftigkeit einübt, die keine längere Spannung, keinen Befriedigungsaufschub ertragen kann und die deshalb immer lieber das Billige als das Schwierige wählt.“[12] Wohin dies führt, lässt sich am Pegel der Einschaltquoten unschwer ablesen: Sendungen, die nicht die erwartete Quote erreichen, werden kurzerhand abgesetzt – und das sind immer öfter die anspruchsvollen. Härter gesagt: der

---

11 Günter Eich: Anlässe und Steingärten. Frankfurt 1966, S. 70.

12 Dieter Wellershoff in: Heinz-Albert Heindrichs, Die Künste und ihr Publikum, Panorama der Weltgeschichte III. Gütersloh 1976, S. 171.

Medienmarkt hat sich mehr und mehr darauf eingerichtet, nicht nach der Qualität des Angebots, sondern nach der Masse der Nachfragen zu produzieren. Dass die multimediale Szene von heute die Erfüllung synästhetischer Vorstellungen sein könnte, hat sich wohl als Irrtum erwiesen: Die Erfahrungen bestätigen eher, dass Fernsehabende die Sinne zwar fesseln mögen, die Phantasie aber nicht freisetzen. Diese bedarf vielmehr eines Leer-, eines Freiraums, in den sie sich staunend entfalten kann – und so ist es nicht verwunderlich, dass sich kritischere Zeitgenossen wieder dem Hörmedium zuwenden und es für innovativer halten: Ein Multimediaspektakel, so sagen sie, involviere zwar alle Sinne, verhindere aber das tätige Wandern der Phantasie. Und so ist es nicht verwunderlich, dass immer mehr Menschen das Hörbuch als eine befreiende Alternative gegen den Fernsehzwang entdecken.

Dabei wissen wir natürlich alle aus eigener Anschauung, dass gerade der Film ein Medium sein kann, in dem sich sinnstiftende Zusammenhänge optimal vermitteln lassen. An Filmen von Ingmar Bergman, Andreij Tarkowskij oder Wim Wenders ließe sich Szene für Szene erkennbar machen, wie kunstreich und zugleich doch sparsam sie gearbeitet sind und warum sich hier, durch die Komposition der Mittel, ein symbolischer Sinn einstellt. Zur vergleichenden Betrachtung eignet sich vor allem auch die Verfilmung von literarischen Vorlagen, wobei sich am Original ermessen lässt, was die filmische Umsetzung leistet oder auch nicht leisten kann – und zu einer solchen Betrachtung sind Märchenfilme geradezu prädestiniert, und zwar deshalb, weil die Vorlagen knapp und für jeden, ob jung oder alt, verfügbar sind. Für ein Gespräch miteinander ergeben sich hier ganz konkrete Vergleichspunkte, die zum einen helfen, die Eigenart der Medien unterscheiden zu lernen und die vor allem dazu beitragen, aus den passiven Konsumenten mündige Medienteilnehmer zu machen. Dies, so scheint mir, müsste das wichtigste Ziel einer kommenden Medienkultur sein – und seine Verwirklichung müsste ganz oben, bei den Medienmachern selbst, und zugleich ganz unten, bei den Kindern anfangen.

Dabei sollte endlich beherzigt werden, was Pädagogen und Psychologen schon vor Jahren über das Lernen unserer Sinne herausgefunden haben: „Der Mensch“, so sagen sie, „lernt zu 1% durch Schmecken und Fühlen, zu 3% durch Riechen, zu 12% durch Hören und zu 83 % durch Sehen.“ Aber nun kommt das Wichtigste: „Er behält das, war er gelernt hat, nur zu 10% durch

Lesen, zu 20% durch Hören, zu 30% durch Sehen – aber zu 50% durch Hören und Sehen zusammen – aber zu 70% durch Erzählen und zu 90% durch das eigene Tun."[13]

Von solchen Zusammenhängen zwischen Hören und Sehen, Erzählen und Tun habe ich in meinem künstlerischen Studium so gut wie nichts erfahren. Erst als ich am Regietisch im Theater, am Schneidetisch im Hörspiel- oder im Filmstudio saß, um mit der Stoppuhr Musik auf sprachliche und visuelle Abläufe zu erfinden, da wurde mir bewusst, dass ich hierfür besondere synästhetische Fähigkeiten mitbrachte. Als ich später, nach über zweihundert Auftragsproduktionen, zur Universität und zur Musikhochschule wechselte, habe ich versucht, meine Erfahrungen in empirische Forschungsvorhaben umzusetzen und diese durch praxisnahe Veranstaltungen weiter zu vermitteln. Als bester Einstieg hat sich immer der sofortige Sprung ins Wasser erwiesen: Ich verteilte Wasserfarbkästen und Pinsel und ließ die Teilnehmer Ausschnitte aus unbekannten Orchesterstücken malen, und zwar mit der doppelten Aufgabe, die Formzusammenhänge und zugleich die Ausdrucksqualitäten der Musik ins andere Medium zu übertragen. Den Ausschnitt wiederholte ich solange, bis die Bilder fertig waren; dann wurden sie eingehend und vor allem gemeinsam diskutiert – und das Gesprächsbedürfnis war, nach der meist einstündigen kreativen Schweigezeit, immer ungewöhnlich groß.

Initiationskurse solcher Art führte ich mit Kindern an Grundschulen, mit Oberstufenschülern und Studenten verschiedenster Disziplinen, mit Handwerkern der Kolpingsinnung, mit Ärzten, Psychologen, Industriemanagern, Priesteramtskandidaten und alten Menschen durch – und bei all diesen Gruppen war die Verblüffung, die Aufregung, die Begeisterung groß darüber, dass jeder allein – und doch zugleich mit den anderen – die gleichen Farb- und Formentsprechungen in sich entdeckt hatte. Eine Psychologin brachte es, nach einer Projektwoche, auf den folgenden Punkt: „Es war, als würde ich wie ein Instrument neu gestimmt, und ich nehme auf einmal anders wahr, ob audiovisuelle Zusammenhänge stimmen oder ob sie nicht stimmen."

So jedenfalls stelle ich mir auch den intermedialen Umgang mit Märchen vor – und so könnte ich mir überhaupt das Lernen in einer zukünftigen Medienkultur vorstellen – ein synästhetisches Lernen, bei dem Hören und

---

13 Zitiert nach Jürgen Klaus: Expansion der Kunst. Reinbek/Hamburg 1970.

Sehen, Erzählen und gemeinsames Tun spielerisch miteinander erfahren werden – und ich bin mir sicher: Die Einschaltquoten würden sich ändern.

Komposition Zeichnung Gedicht

geschrieben im Juli 2018

Von meiner Kindheit an hatte ich eigentlich nichts anderes im Sinn, als Komponist zu werden – und bin es trotz der widrigen Kriegseinwirkungen, zur abstrakten Zeit der beginnenden fünfziger Jahre auch geworden. Erst als ich mit Film- und Bühnenmusik zu tun bekam, stellte ich fest, dass ich beim Komponieren Farben sehe; es fing ein neuer schöpferischer Prozess an – ein synästhetischer, der mich über die Vertonung von Gedichten zur Zeichnung führte, schließlich zur No-tation, zur Verweigerung von Notenschrift, zu einer Bilder- und Farbensprache, schließlich zu Überschreibungen von Notenschichten – zu Palimpsesten. Und übers Sehen und Hören kam als dritte Dimension immer mehr das Gedicht hinzu, sozusagen als die eigentliche Endstation des Komponierens. Weil dies bislang kaum jemand bewusst erkannt hat, möchte ich es an einigen Gedichten erklären.

Flattersatz

immer
die offenen
Formen gesucht
die ungeraden Zahlen
im Leben wie in der Kunst

ist es
das Trauma
meiner Zangengeburt

aus Engpässen zu stürzen ins
ungesicherte

Freie

Nostalgie

hier und da noch ein Reim
die verstohlene Spur
einer Durmelodie
als träume
das Heimweh sich zurück

es ist
ein Leuchten
hinter der gläsernen Tür
das scheu dich
berührt

Flattersatz – das ist beim Buchdruck eine Satzanordnung, bei der Zeilen unterschiedlicher Länge nach rechts frei auslaufen: dabei verzahnt sich hier die spielerische Form, wie unbewusst, mit der traumatischen Erfahrung meiner Zangengeburt: in der Regel fange ich eine Arbeit, ein Gedicht, nur an, wenn sich solche Spannungen, solche Bisoziationen ergeben: dies ist die Chance, dass eine Metapher gelingt. Keine Zeile ist wie die andere geformt – und doch ist das Gebilde ebenso gezeichnet wie zugleich streng komponiert: es flattert nach unten in den Maßzahlen des goldenen Schnitts: 5 – 3 – 2 – 1.

Alle meine Gedichte haben keine Interpunktionen; man muss sie sprechen mit kurzem Stocken am Zeilenende, mit etwas längerem zwischen den Versblöcken: so ist es gesehen wie gezeichnet und gehört wie komponiert.

Nostalgie – das Gedicht hat zwei fünfzeilige Strophen; es mag dabei an Verse aus klassischer oder romantischer Zeit erinnern; doch gereimt wie diese ist es nicht – aber wie kommt die Wehmut zustande? Nicht durch Reimen, sondern durch ein Begegnen von Klangfarben: Nostalgie: hier und da – Spur einer Durmelodie – ein Reim als träume das Heimweh – ein Leuchten das scheu – hinter der Tür dich berührt: es ist verzahnt wie die Klangfarben von Musik – man muss es laut zu lesen üben, um es zu begreifen.

<table>
<tr><td>Mit fünfzig Jahren</td><td>Im Labor</td></tr>
</table>

die Mitte	zeigten sie
gewonnen verloren	auf dem Bildschirm
	die neuronalen Vernetzungen
der Augenblick	in menschlichen
stürzt	Gehirnen
gelassen ins Immer	
	und ich
das Maßwerk	erkannte darin
goldener Schnitte	das Labyrinth meiner Bilder
verwächst	
	aber waren wir nicht erstaunt
zum Delta	als einer fragte
vor offenem Blau	ob dies
	die Aufnahmen seien
	aus einer entfernten Galaxie

Mit fünfzig Jahren: Das Gedicht entstand in Padua – vor einer Reliefkarte von der Poebene: schnurgerade Alpenbäche stürzen in den großen Fluss, der sich vor dem Meer verzweigt – ein Bild für meine damalige Lebenserfahrung. Formal ist es eine Auseinandersetzung zwischen geschlossener und offener Form: Ohne Überschrift liest sich das Gedicht spiegelsymmetrisch (2 + 3 + 3 + 2) – mit Überschrift jedoch als arithmetische Reihe des Goldenen Schnitts, ins Unendliche führend (1 + 2 + 3 + 5).

Im Labor: ist eine von vielen goldenen Schnitterfahrungen, die ich vor allem durch meine Bilder erkennen, erfahren und erweitern lernte; hier ist eine Spiegelsymmetrie von 5 + 3 + 5 entstanden: da kreisen Gehirn und Galaxie wie die Umkehrung eines musikalischen Kontrapunkts umeinander und schließen das Labyrinth meiner Bilder in den Kreislauf ein.

Dankbar bin ich dem Rimbaud Verlag in Aachen, dass er all meine Gedichte angenommen hat; wenn in diesem Jahr der 20. Doppelband erscheint, sind es über zwanzigtausend – und auf jedem Cover hat der Verleger eine meiner farbigen No-tationen gedruckt, die den synästhetischen Zusammenhang von Bild – Zeichnung – Musik signalisieren.

Todestag

ob wir gewaltsam sterben
ob wer noch da ist
der uns liebt

es wird alles gleich sein
wenn jäh das Licht
in den Tunnel
schießt
und die Aughöhlen blendet

aber der Tod ist nicht schwarz
auch wenn er uns nimmt
was uns krönte
den milden
Glanz
erinnerten Leidens
von dem wir nicht wissen
ob er der Vorschein des Lichts

nie wieder mao

als omar
in roma bei oma war
da saß ihr ein amor im ohr
und omar der arme
was sah er da
arm in arm
ritt die oma mit mao
durch marmor und wildes aroma

da rührte sich omars moral
und er schrie zu amor
in omas ohr

nie wieder mao
in roma mit amor und oma

Todestag: mitten in der Nacht wurde ich wach, als ich vom Sterben träumte, und begann, dieses Gedicht zu schreiben; wie erschrocken war ich, als am Morgen die Nachricht kam, dass Richard, mein liebster Freund, im Krankenhaus gestorben sei. Warum ist mir die positive Goldschnittform, die von 3 über 5 zu 8 ins Unendliche, Offene zielt, hier fast traumwandelnd gelungen?

nie wieder mao: das ist dagegen eines der Unsinnsgedichte aus der „Nonnensense I“, wo im sogenannten negativen goldenen Schnitt von 8 über 5 zu 3 hinab eine Pointe explodiert, die zum Lachen zwingt; und dies hatte ich eigentlich schon früh, auch für die Wirkung von Musikabfolgen, etwa bei meiner 2. Klaviersonate, vom Witz gelernt.

Schließlich gibt es in der „Nonnensense I und II" Kapitel mit Lautgedichten, in denen Worte in Laute zerlegt und geschüttelt werden, und zwar so, wie Komponisten der neuen Musik, etwa seit Anton Webern, mit Zwölftonreihen umgegangen sind; aber es sind Gedichte, die nun mehr auf eine verfremdende Komik dieses seriellen Verfahrens zielen.

<table>
<tr><td>fofo nie</td><td>kamiká ze</td></tr>
<tr><td></td><td></td></tr>
<tr><td>homomo mo momo mo</td><td>miká ze</td></tr>
<tr><td>fofo fo nie</td><td>izémi ezáki</td></tr>
<tr><td>popopo po popo po</td><td>kemázika kakimazéka</td></tr>
<tr><td>lylylyly ly</td><td>zé kazimaziká</td></tr>
<tr><td>fofo fo</td><td>zk mkkzk</td></tr>
<tr><td>kaka ka kaka</td><td>kázemiká</td></tr>
<tr><td>kakofofo fo fofo</td><td>miká zimáki</td></tr>
<tr><td>homomo popopo lyly</td><td>máki zá zikamikazéka</td></tr>
<tr><td></td><td>ká ziká kimázika</td></tr>
<tr><td>kakakoqua qua</td><td>kíze makíze</td></tr>
<tr><td>quadro</td><td>makíze</td></tr>
<tr><td>hehehehe hehe</td><td>zzmz mz zk zkk</td></tr>
<tr><td>heterofofo</td><td>mmzzk zkmzk k k zzk</td></tr>
<tr><td>fo fofo fofofo</td><td>zzzíka zíka</td></tr>
<tr><td>nie nie</td><td></td></tr>
<tr><td></td><td>kamiká</td></tr>
</table>

Schließlich gibt es in der „Nonnensense II" eine neue Gruppe, die sich in Lautgedichten mit den Künsten und Künstlern auseinandersetzt:

mi kro kos mos	*hej hej*
bé la el bá la be a bél	schschsch neee aa mmm
e la alb beé la lé	kikili lili lima annn
be el al ba	dscha aa roo
b e l a	jehjeh
bl	ooor aa aschsch d nnn aaa
	mimili li lilik k k k k
b r t k	hej hej
ko tr bra	
ko bra ok tkr	
bé e la bá ar tó ók k	heming way

Mikrokosmos hat Bela Bartok seine fünfbändige Klavierschule genannt, in der er aus elementaren Anfängen einen künstlerischen Kosmos entwickelt; mit meinen Studenten habe ich das ganze Werk durchstudiert.

Hemingway hat in jungen Jahren den Kilimandscharo bestiegen und sich da auch verliebt; Mein Lautgedicht geht darauf ein, dass er damals stark gestottert hat.

Ausgewählte Beiträge

über das Werk von

Heinz-Albert Heindrichs

Nach der Musik

Zu den No-tationen von Heinz-Albert Heindrichs

Heiner Stachelhaus im Ausstellungskatalog der Düsseldorfer Galerie Denise René Hans Mayer, Juli 1978

Auf der zerbrochenen Harfe balzen jetzt Vögel – das Klavier ist ein Honigklavier – die verdeckelten Waben sind leer – entflohen die Schwärme der Weltharmonie – tonlose Leere – Musik das war der Versuch zu fliegen – Dies ist die „summa musica" eines Musikers – die zur Poesie verdichtete Erkenntnis, daß das Ende der abendländischen Musik besiegelt ist. In der modernen Musikgeschichte ist diese Entwicklung vorprogrammiert. Mit Schönberg ist das Harmoniesystem der abendländischen Kultur zu Ende gegangen; Stockhausen hat ihr melodisches Material überstiegen, als er mit Mikrointervallen operierte; John Cage schließlich hat alle musikalischen Parameter aufgelöst und auch die Form dem Zufall überantwortet.

Heinz-Albert Heindrichs ist als Dichter, Komponist und Zeichner tief mit diesem Prozeß vertraut. Das Bewußtsein, daß das Material der Metasprache Musik als ein im Abendland verbindliches Handwerk seine Existenz verloren, das heißt sich in allen seinen Elementen aufgelöst hat, ist indes bei ihm nicht mit dramatischen Posen verbunden. Vielmehr passiert in seinem Werk – den Gedichten und No-tationen – etwas, was zwar der Rigorosität seiner Erkenntnis vom Tod der abendländischen Musik entspricht, aber nicht in Tragik ausartet, sondern die Hoffnung auf eine neue Offenheit, auf einen übergreifenden, synästhetischen Zusammenhang von Kultur still beschwört. Heindrichs, der in seiner kompositorischen Praxis ein Meer von Noten geschrieben hat, artikuliert mit seinen No-tationen den Zustand nach der Musik.

Die No-tationen sind also keine Notenschrift, sondern signalisieren das Ereignis, daß die Musik mit ihren traditionellen Parametern ausgespielt hat.

Heindrichs definiert dieses Ereignis als einen Akt der Auswanderung aus der Bedeutung der Notenschrift. Es ist ein motorischer, psychogrammatischer Akt, der die Notenschrift zwar ad absurdum führt, aber trotzdem von außerhalb der Musik etwas über den Zustand gegenwärtiger Musik aussagt.

Heindrichs hat die Notenschrift konsequent in die autonome, rein visuell wirkende Sprache der Zeichnung übertragen. Wie seine Gedichte in sich offen sind, so sind auch seine zeichnerischen Strukturen offen und als solche beispielhaft für jene Entgrenzung, die charakteristisch geworden ist für bestimmte Tendenzen der bildenden Kunst seit Ende der fünfziger, Anfang der sechziger Jahre. Die Überwindung der Komposition zugunsten des Aufzeigens konkreter Erscheinungen spielt in diesem Zusammenhang ebenso eine Rolle wie die Entwicklung einer freien „Schrift", einer skripturalen Malerei. Andererseits stehen die künstlerischen Untersuchungen von Mark Tobey und Paul Klee an diesem Weg.

Heindrichs bewundert insbesondere Klee, der ja auch ein ausgezeichneter Musiker gewesen ist. Ihn fasziniert, daß Klee das Phänomen der Zeitbewältigung – also ein primärmusikalisches Problem – ins Bild hin-eingeschleust und damit die akademische Vorstellung eines Bild- und Formausbaus überwunden hat.

Im Gegensatz zu Klee ist in den No-tationen nunmehr die Zeit aufgehoben. Es ist unwichtig, danach zu fragen, ob die Krakelüren, die als System von Spontanität und Zufall erscheinen, etwa spielbar sind. Das Material der Musik ist endgültig zersprungen. Heindrichs hat die Trümmer nicht aufgesammelt und neu zusammengesetzt, sondern er ist über die Trümmer hinweggegangen und hat eine Gratwanderung zwischen den Medien begonnen. Hier, in diesem sehr feinen Grenzbereich, bewegt sich Heindrichs als ein Universalist, der aus tiefen Einsichten über den Zustand von Musik poetische und bildnerische Miniaturen von großer, suggestiver Eindringlichkeit schafft.

Poesie und Bildzeichen haben bei Heindrichs ihren Grund in der Musik. Mit seinen Gedichten beschreibt er gleichsam seismographisch die musikalische Endzeit. Mit seinen No-tationen läßt er indessen alle Prinzipien des musikalischen Handwerks, alle Ideale der Musik hinter sich: „Musik, das war" – Das Auswandern des Komponisten aus seinem Medium Musik, das Eintauchen in andere Medien – in die Zeichnung und ins Gedicht – für Heindrichs bedeutet es bewußte Selbstentäußerung. Sein Schritt ins Lautlose ist ein sehr mutiger Schritt; seine No-tationen sind eine künstlerische Tat; denn sie haben jedwede Musik in sich aufgenommen und gegenstandslos gemacht.

Ihr einzig gültiger Parameter heißt: Zeichnung, und zwar Zeichnung als Prinzip der Verinnerlichung und als Gleichnis für Unendlichkeit.

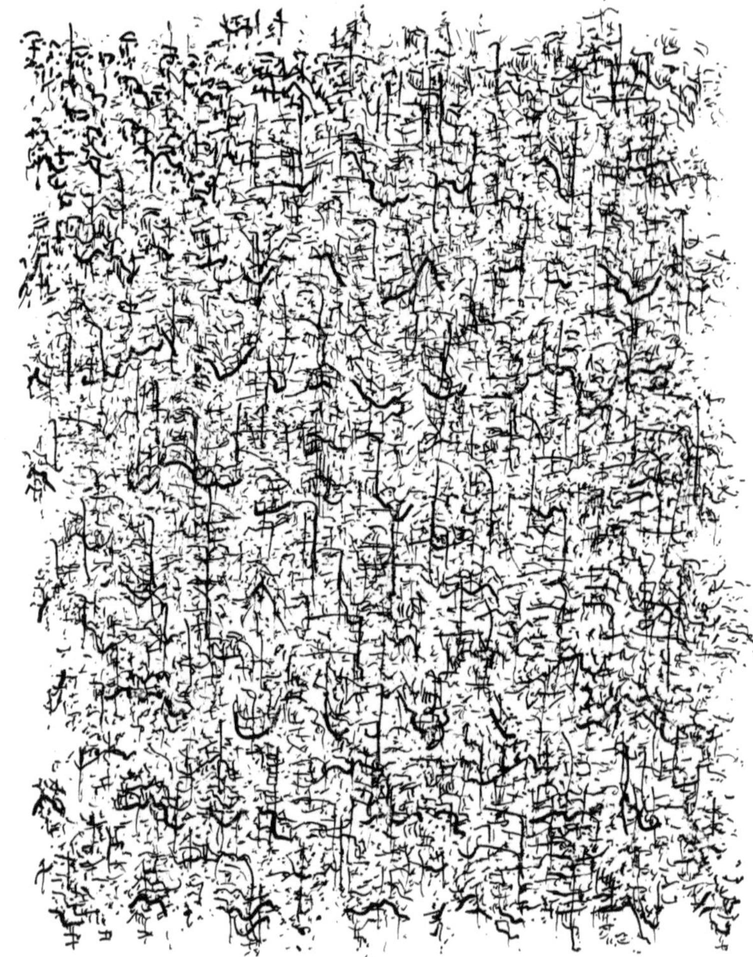

Heinz-Albert Heindrichs, No-tation, 20.03.1981

Zeitraum – Analogie – Transzendenz

Über den Zusammenhang von Gedicht, Zeichnung, Musik. Prof. Dr. Georg Scherer zur Eröffnung von „Musik, Zeichnung, Gedicht" im Musiktheater im Revier (1985) und im Museum Folkwang Essen (1986)

Vor der Stille

Musik so dicht
wie Laub

die undurchdringliche
Laubmauer
Zeit

schrieb ich sie
wer schrieb sie mir vor

Lautschwelle
durch die ich gewachsen
um nichts[14]

Seine Tuschzeichnungen, die Heinz-Albert Heindrichs No-tationen nennt, sind aus dem Schreiben von Noten erwachsen. Ein musikalisches Kunstwerk ereignet sich als Zeitgestalt, während sich in der Notenschrift eine Verräumlichung von Zeit vollzieht. Was in den No-tationen geschieht, ist selber nicht Musik, aber auch nicht einfach ihre bloße Verneinung. Vielmehr entsteht ein Kontinuum von Raum und Zeit; durch die schreibende Hand

---

14 In: Heinz-Albert Heindrichs, Gesammelte Gedichte, Bd. 3
    (Honigklavier / Vor der Stille) S. 59

bleibt dem Raum die Zeit eingeschrieben. Sie bleibt dem räumlichen Gebilde innerlich; indem sie als bloße Zeit verneint wird, gewinnt sie gerade dadurch bleibende Gestalt. Daher ist es nicht zufällig, wenn einige der Zeichnungen Naturprodukte einbeziehen, nämlich Blätter von Sträuchern und Bäumen: sie stehen hier für die organische Gestaltwelt überhaupt. Aufs neue wird die Beziehung von Organismus und Kunst anwesend., welche in der Reflexion auf und über Kunst schon immer eine entscheidende Rolle gespielt hat. Man denke an das Ineinander teleologischer Betrachtungen von Organismus und ästhetischer Theorie in Kants Kritik der Urteilskraft, an Schellings Überzeugung, im Kunstwerk wie im Organischen ereigne sich die notwendige Durchdringung des Einen und Ganzen mit der Vielheit, an Schillers ästhetische Schriften, in denen die organische Gestalt darum zum Inbegriff des Ästhetischen wird, weil sie sich selbst gestaltet und so der Vernunft als Urbild von Freiheit erscheint. In den Zeichnungen von Heindrichs symbolisiert das organische Blatt die unendliche Abwandlung eines Selben, die Darstellung einer Wandlungsfülle, wie wir sie in der Einmaligkeit jedes Blattes in der Natur beobachten können. Das abgefallene Blatt und die aufgelöste No-tation spiegeln einen analogen Prozess wider: sie heben die Zeit auf im Hegelschen Doppelsinn des Wortes „aufheben" als Wegschaffen und Bewahren. Damit stoßen wir bei Heindrichs auf eine Weise künstlerischer Gestaltung: auf das Gedicht. Nach seinem eigenen Zeugnis erfährt er den Übergang von der Musik zur Zeichnung und zum Gedicht als Transzendenzerfahrung. Die Entgrenzung gewährt ihm eine neue Geborgenheit; in ihr drückt er seine Sinnerfahrung aus.

Heindrichs entdeckt im Übergang von einem künstlerischen Medium zu anderen strukturelle Ähnlichkeiten. Das Übergehenkönnen in ein anderes geschieht zugleich als ein Bleiben im Selben. Damit stößt er auf eine der grundlegendsten Erfahrungen, die der Mensch überhaupt machen kann. Wir können sie als Analogieerfahrung bezeichnen. Analogie heißt wörtlich: Entsprechung. Die Erfahrung, dass die Daseinsbereiche einander entsprechen, es in ihnen Abwandlungen ähnlicher Grundstrukturen gibt, prägte das Bewusstsein des Frühmenschen von der Welt und von sich selbst ganz entscheidend. Wir finden das Analogische auch in der Symbolik des Unbewussten. Bis tief in die Hochkulturen hinein spielte das Denken und Wahrnehmen in Analogien eine entscheidende Rolle. Die Lehre von der Analogie des Seins selber ist ein Kernstück der mittelalterlichen Philosophie; sie reicht in ihren Wurzeln bis in griechische Anfänge des philosophischen Denkens zurück. In der Analogie wird die Erfahrung einer umgreifenden Einheit gemacht, welche in der inneren Bezogenheit alles Seienden aufeinander zum Ausdruck kommt. Der Analogie gemäß ist jedes es selbst. Und doch wird in allem eine Mitte, ein gemeinsamer Grund, ein alles Tragendes deutlich. Wer sich in der Analogie bewegt, kann eine Überfahrt vollziehen, ohne sich zu verlieren, ohne in ein leeres Unbekanntes abzustürzen. Eben darum vermag die Erfahrung der Analogie einen tragenden Grund zu vermitteln. Von der Analogie her wird Wirklichkeit dicht.

Die Dichte wird bei Heindrichs in dreifacher Weise beschworen: in analogischen Zusammenhängen zwischen Musik, Zeichnung, Gedicht. „Musik so dicht / wie Laub": Die Laubmauer der Bäume, die Lautschwelle der Musik – sie sind der analoge Aufwand alles Lebendigen „vor der Stille". Aber das Gedicht will, wie die Musik, nicht nur gehört – es will auch, wie das Laub, wie die Zeichnung visuell wahrgenommen werden: seine Form – nach den goldenen Schnittzahlen 2 + 3 symmetrisch gebaut – gewährt Durchblicke, die den Spaltungen und Aufrissen der Zeichnungen entsprechen. Es ist hier wie dort, als wollten sie auf ein letztes Unsagbares verweisen. Die analogische Erfahrung, die Erkenntnis der Mimesis, in welcher die verschiedenen Gestaltungsweisen sich nachahmen, mag eine Erfahrung der Liebe sein. Von ihr her erscheint auch der Tod, in dessen Schatten alles zusammen zu stürzen droht, als Öffnung, als Durchgang „um nichts".

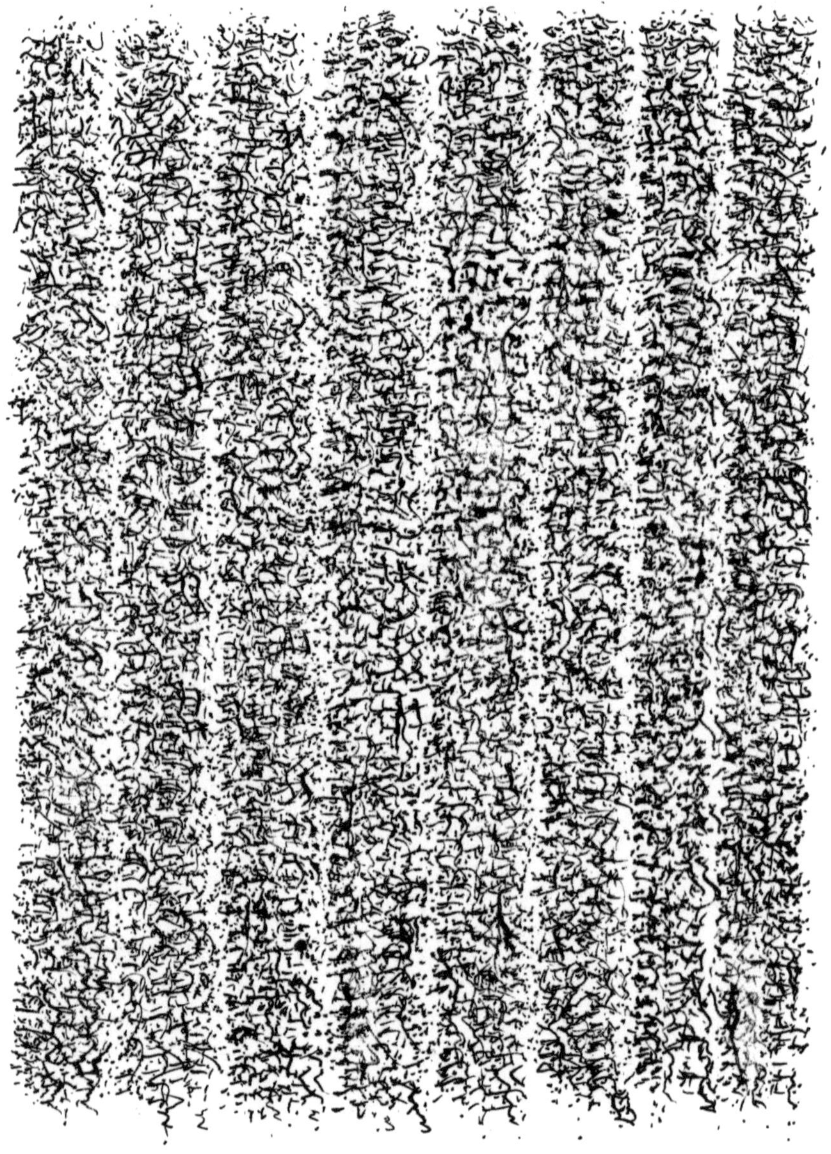

Heinz-Albert Heindrichs, No-tation, 17.07.1980

„No-tationen, Gedichte, Palimpseste"

Vortrag von Peter Rose, Kulturreferent der Stadt Gelsenkirchen, zur Eröffnung der Ausstellung „No-tationen, Gedichte, Palimpseste" am 23. Januar 2015 in der „werkstatt", Gelsenkirchen-Buer.

Über die künstlerische Arbeit von Heinz-Albert Heindrichs zu reden, ist leichter gesagt als getan; denn er ist gleichermaßen Komponist, Zeichner und Dichter; aber das ist noch nicht alles: er ist darüber hinaus auch ein ausdrucksstarker Interpret seiner Lieder und Gedichte. Dass die vielfältigen künstlerischen Begabungen schon in seiner frühen Kindheit erkannt und gefördert wurden, verdankt er seinem musischen Elternhaus. 1930 in Brühl geboren, wächst er in einer Region auf, die für zwei mentale Eigenarten seiner Bewohner prägend ist: der rheinische Katholizismus und der rheinische Humor. Beides ist bei ihm wohltuend spürbar. Als Siebenjähriger schreibt er sein erstes Gedicht – und als er ein Jahr später Schuberts „Unvollendete" hört, will er „nichts anderes mehr als Komponist werden"; aber der Krieg verhinderte bald jedes musikalische Fortkommen.

Schon 1942 wird die Familie ausgebombt. Danach arbeitet der Vater als Lehrer in Lagern der Kinderlandverschickung und bewegt sich mit der Familie auf der Flucht vor dem Bombenterror mit wechselnden Wohnorten zwischen Eifel und Sudetenland. Heinz-Albert Heindrichs stellt dazu fest (Zitat): „Zukunftslos und abgeschnitten von der Musik, begann ich nun so intensiv wie nie zuvor Gedichte zu schreiben, während um mich herum schreckliche Dinge passierten." Er schreibt idealistisch schöne Gedichte nach klassischen Vorbildern, die mit der damaligen Realität nichts oder nur wenig zu tun haben; er verleugnet diese Gedichte nicht, sondern wird später erkennen (Zitat): „Offenbar hielt ich mich inmitten der Trümmer und falschen Parolen an ihre Unversehrtheit." Das hat gewiss mit seinem christlichen Glauben zu tun und hängt mit seinem ganz persönlichen „Prinzip Hoffnung" zusammen, das seine Gedichte beseelt. Als die Familie nach dem Krieg in ihre rheinische Heimat zurückkehrt, ist sie zuerst einmal obdachlos (Zitat): „Ich habe ein halbes Jahr in einer Gartenwirtschaft auf dem Billardtisch geschlafen und auf einem ausgedienten Wirtshausklavier zu komponieren angefangen, bis wir Ostern 1946 in eine Notwohnung nach Bonn ziehen konnten und ein Leben mit neuen Perspektiven begann, für mich vor allem mit der Entdeckung von Kunstströmungen, die uns als entartet verschwiegen worden waren."

Der Umzug nach Bonn muss für den 15jährigen mit seinen Talenten und künstlerischen Ambitionen wie ein „Himmel auf Erden" gewesen sein. Ihm erschließt sich eine neue Welt; nun bleibt es nicht mehr nur beim Schreiben von Gedichten und dem Komponieren von Musik: Jetzt kommt die Auseinandersetzung mit bildender Kunst und dem Theater hinzu. Der Gymnasiast beginnt zu zeichnen und zu malen; er betätigt sich in Laienspielgruppen und im Schultheater als Schauspieler und Regisseur sowie als Komponist von Bühnenmusik. 1951 wird der Primaner zum Studententag nach Würzburg eingeladen, um in einem Bühnenstück die Titelrolle des „Hiob" zu spielen. Dieser Auftritt hat Folgen für sein weiteres Leben und für seine künstlerische Arbeit. Denn (Zitat): „Dort begegnete ich Ursula Wiegers, sie studierte Germanistik im vierten Semester, war im Stück die Soufleuse, ist seit 1958 meine Frau und ab Würzburg schon die eigentliche Muse und untrügliche Kritikerin all meiner Arbeiten." Sieben Jahre später, 1958, heiratet er sie und sie ihn.

Heinz-Albert Heindrichs studiert von 1952 – 57 an der Uni Bonn Germanistik, Musik- und Kunstwissenschaft und gleichzeitig an der Musikhochschule Köln Dirigieren und Komposition, er konzentriert sich vor allen auf die Musik. Nach dem Studium wird er von Bühnen in Essen bis 1962 als Kapellmeister und dann in Wuppertal bis 1968 für die Leitung der Schauspielmusik engagiert. Die Musikkomposition ist und bleibt zunächst der Schwerpunkt seiner Arbeit: von 1956 bis 1972 hat er circa 300 Theater-, Hörspiel- und Filmmusiken für in- und ausländische Bühnen und Sender geschrieben. Er arbeitete an den Theatern mit Regisseuren wie Piscator, Buckwitz, Palitzsch und Fontheim sowie bei Kunstaktionen und Happenings mit Künstlern wie Beuys, Gräsel, Lutter, Spindel und Vostell zusammen. 1960 zieht Heindrichs nach Gelsenkirchen: er folgt seiner Frau, die schon etwas früher als promovierte Pädagogin in ihre Heimatstadt zurückgekehrt ist. Dort unterrichtet sie am Ricarda-Huch-Gymnasium Deutsch und Geschichte. In dieser Lebensphase, verbunden mit Ortswechsel und Familiengründung, denkt Heindrichs selbstkritisch über eine Veränderung seiner künstlerischen Situation nach (Zitat): „Es war eine spannende Zeit, erst die eigentliche

Lehrzeit; und trotzdem versuchte ich im Verlauf der sechziger Jahre, aus dem Karussell des Kulturbetriebs, in dem ich rotierte, wieder herauszukommen; ich fühlte mich ausgenutzt, sah meine künstlerischen Ziele fremdbestimmt und verraten, und in dieser Not begann ich 1963, erst mühsam, aber dann zunehmend sicherer, erneut Gedichte zu schreiben – und sie wurden für mich, statt der Musik, zum Freiraum, in dem ich künstlerisch nicht zu vereinnahmen war."

Mit Sprache und Pädagogik vertraut, dürfte seine Frau dazu beigetragen haben, dass Heindrichs nun wieder Gedichte schreibt und mit dem Komponieren von Liedern und Chorzyklen beginnt. Er will Musik und Sprache zusammenführen und dies öffentlich präsentieren und „unter die Leute bringen." Das gilt auch für sein inzwischen umfassendes lyrisches Werk, das seit 1990 nach und nach in mittlerweile 20 Doppelbänden im Rimbaud Verlag Aachen erschienen ist. Denn: „ohne Öffentlichkeit gibt es kein Kunstwirken", wie es auch ohne Öffentlichkeit keine Demokratie geben kann. Insofern ist die Freiheit der Kunst ein elementares Politikum für Staat und Gesellschaft.

Heinz-Albert Heindrichs schreibt aber nicht nur Gedichte, sondern auch Konzert- und Theaterkritiken. Auf diese Weise mischt er sich mit seinen künstlerischen Erfahrungen und seinem theoretischen Wissen kulturkritisch ein, um einem breiteren Publikum Zugänge zu Kunst und Kultur zu öffnen: seit 1964 hat er mehr als 2000 Berichte veröffentlicht.

Damit löst er sich allmählich aus seiner ersten berufsmusikalischen Karriere und wendet sich verstärkt der Musikwissenschaft zu; aufbauend auf seinen praktischen Erfahrungen und seinem theoretischen Wissen beginnt er, über Theorie, Ästhetik und Vermittlung von Musik und Kunst zu forschen. Seine Erkenntnisse gibt er publizistisch weiter, schließlich über Dozenturen für Schauspielmusik, von 1964 – 66 am Konservatorium Dortmund und ab 1968 an der Folkwanghochschule Essen. Seit 1966 ist er Dozent und seit 1971 ordentlicher Professor für „Musik und ihre Komposition" an der Universität Essen und dort von 1975 – 81 Dekan des großen Fachbereichs „Kunst, Design, Musik" – dabei entdeckt er mehr und mehr den synästhetischen Zusammenhang seiner eigenen Arbeiten – 1996 endete mit der Emeritierung seine musik- und kulturwissenschaftliche Universitätskarriere – und es begann eine neue freie Phase künstlerischer Arbeit.

Als Claus Leininger in den siebziger Jahren Intendant des Musiktheaters wurde, engagierte er die Sängerin Carla Henius, um mit ihr eine „musiktheater-werkstatt" für Neue Musik einzurichten. Sie zog Heindrichs als Experten in ihr Team ein; und er schrieb für sie die sieben Liederbücher nach zeitgenössischen Dichtern, die damals vielerorts gesungen und gesendet wurden; leider wechselte Leininger 1986 nach Wiesbaden und nahm Frau Henius und die „musiktheater-werkstatt" mit.

Seit dieser Zeit steht Heindrichs jedoch auch seiner Frau Ursula mit Rat und Tat zur Seite, und zwar bei ihrer Planung, Organisation und Dokumentation der Internationalen Märchenkongresse, die sie während ihrer Amtszeit von 1982 als Vizepräsidentin, von 1989 bis 2001 als Präsidentin und seitdem bis heute als Ehrenpräsidentin geleitet hat. Für diese Arbeit ist das Ehepaar 2001 mit dem Europäischen Märchenpreis geehrt worden. Auch sonst hat es an Preisen und Ehrungen für beide keinen Mangel gegeben. Hervorheben möchte ich aber, dass Heinz-Albert und Ursula Heindrichs 2001 für ihre beispielhafte kulturelle, wissenschaftliche und künstlerische Arbeit mit dem Bundesverdienstkreuz Erster Klasse ausgezeichnet worden sind.

Soviel zum biographischen Hintergrund. Hier und heute ist in dieser Ausstellung eine Auswahl von Bildern und Gedichten des Künstlers zu sehen. In einer weiteren Veranstaltung wird Hans-Jörg Loskill, ehemals Kulturredakteur der WAZ, mit dem Künstler über seine Arbeit, vor allem aber über seine Musik sprechen, die auch mit Beispielen zu hören sein wird; schließlich wird in einer dritten Veranstaltung Heindrichs seine „Nonnensense" aufführen.

So wird das „Projekt Heindrichs" zu einer runden Sache, weil es zeigt, wie der Künstler es versteht, seine verschiedenen Künste eigenwillig und schöpferisch zu einem sinnlichen Gesamterlebnis zusammen zu bringen. Dazu werde ich abschließend noch ein paar Gedanken vortragen, die sich auf die Ausstellung beziehen. Eine Komposition wird in Noten festgehalten, sie ist ein musikalischer Text für das, was menschliche Stimmen singen und Musiker mit ihren Instrumenten spielen sollen. Aber das ist noch nicht alles. Heindrichs dienen sie als winzige, gekritzelte „Noten" zur zeichnerischen Gestaltung von Bildern, den „No-tationen", und später den malerisch und zeichnerisch gestalteten „Palimpsesten", auf denen aufgetragene Farbschichten, freigekratzt und farblich in eine Form gebracht werden, um eine scheinbar sich bewegende, irritierende Struktur auf einer monochromen Fläche abzubilden.

Da drängen sich Fragen auf. Sollen diese Bilder vielleicht ein musikalisches Chaos darstellen? Oder sollen sie veranschaulichen, was es heißt, im Chaos der Töne für eine Komposition in unserer pausenlos musiküberfluteten , geräuschvollen Welt den richtigen Ton zu finden? Zwischen hoch und tief, kurz und lang, laut und leise? Ich weiß es nicht, aber ich spüre, wenn ich die Bilder von Heindrichs betrachte, seiner Musik lausche, mich auf ein Gedicht von ihm einlasse oder von ihm vorgetragen höre, dass da mehr drin steckt als nur Klang-, Farb- und Formstrukturen. Sie reizen zwar meine Sinne, aber mit der sinnlichen Wahrnehmung wecken sie auch meine Seele und fordern meinen Verstand heraus. Ich versuche, das Werk für mich zu reproduzieren, um es mir zu eigen zu machen. Dabei tauchen persönliche Erinnerungen und eigene Bilder auf, die dem Kunstwerk meinen Sinn hinzufügen und es so zu meinem ganz persönlichen Erlebnis machen. Heindrichs versteht sich als Synästhetiker; er gestaltet seine Werke, indem er sie entgrenzt, sie in eine Wechselbeziehung zueinander bringt. Kunst verstehen heißt bei ihm, sich einzulassen auf ein Spiel mit Formen und Farben, mit Tönen und Klängen in der Musik, mit Wörtern und Bildern in der Poesie. Kunst – Sinn oder Unsinn?

Dazu möchte ich zum Schluss noch ein Erlebnis schildern, das ich anlässlich eines Konzerts und mit Musik von Heindrichs hatte, dessen Klänge weder harmonisch oder schräg waren, sondern nur anders gewohnt und deshalb anstrengend sowohl für ihn als Interpreten als auch für mich, bis es zu einer geradezu sensationellen Erlösung kam, als Sie, lieber Herr Professor, lustvoll mit einem Knall den Klavierdeckel auf die Tastatur fallen ließen!? Warum?

Der Wiener Satiriker Karl Kraus hat dazu einen Aphorismus festgestellt: „Künstler ist nur einer, der aus der Lösung ein Rätsel machen kann.“ – Und so einer ist Heinz-Albert Heindrichs.

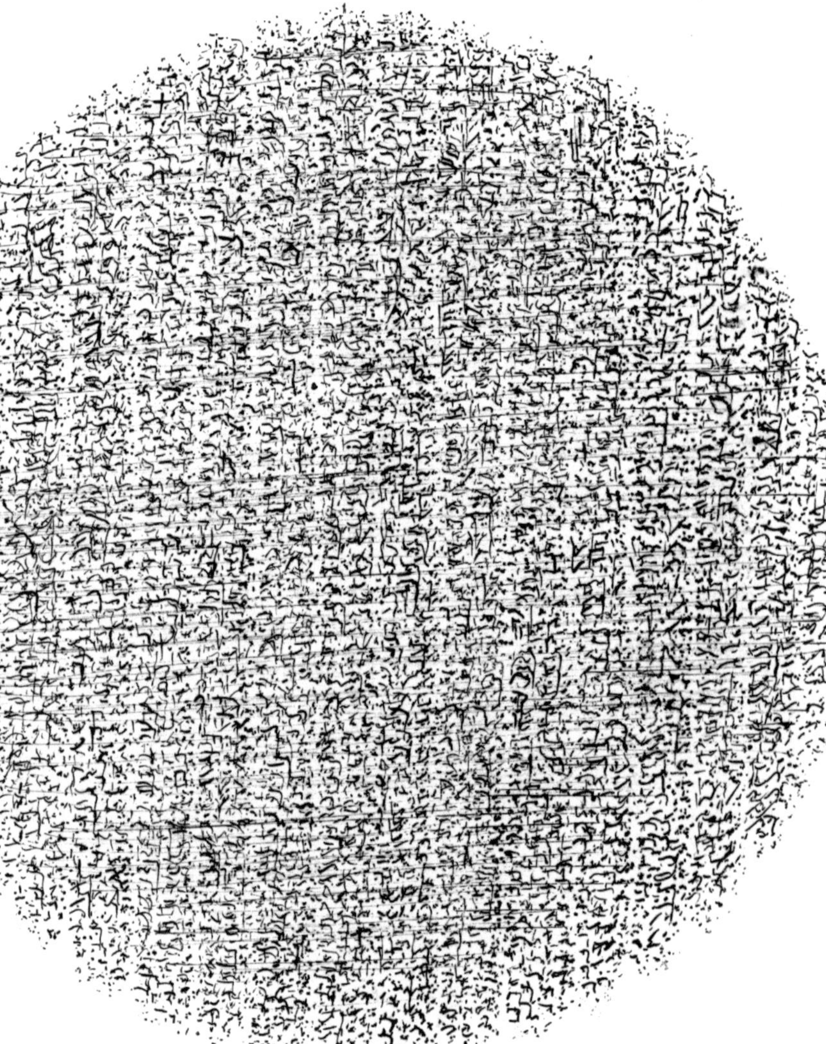

Heinz-Albert Heindrichs, No-tation, 15.03.1981

Entgrenzungen: Bilder – Musik – Gedichte

Dr. Martin Feltes zur Ausstellungseröffnung mit bildnerischen, musikalischen und literarischen Werken von Heinz-Albert Heindrichs in der Katholischen Akademie „Die Wolfsburg" am 16.9.2012

Es war im Jahr 1992, als ich Prof. Heinz-Albert Heindrichs als Referent für eine Sommerakademie gewinnen konnte: „Besichtigung der Renaissance" war das Thema einer interdisziplinären Betrachtung, und ich erinnere noch sehr gut seinen grundlegenden Einführungsvortrag über die Kultur der Renaissance. Neben der Veränderung der Ästhetik beleuchtete Heinz-Albert Heindrichs auch das neue Selbstverständnis des Künstlers, das durch wissenschaftliche Neugierde sowie durch künstlerische Universalität geprägt ist. Genau diese Neugierde, diese Vernetzung der Künste durfte ich in weiteren Begegnungen mit Heinz-Albert Heindrichs erleben, und auch die heutige Ausstellungseröffnung verdichtet einmal wieder sein Wirken als Komponist, Musiker, Dichter und bildender Künstler.

Sie kennen das vielleicht. Langweilige kunsthistorische Vorträge oder auch nicht enden wollende Telefonate aktivieren den menschlichen Kritzeltrieb, der vielleicht sogar als Ursprung aller Künste angenommen werden kann. Wir beobachten Zeugnisse dieses Kritzeltriebs sowohl in den Höhlenmalereien der Urgeschichte als auch in der vorfigurativen Phase der Kinderkunst. Das Ausleben dieses Triebs während eines Telefonats war der biografische Anlass für die Entstehung der umfangreichen Werkgruppe der No-tationen von Heinz-Albert Heindrichs. Aus der spontanen in automatischer Zeichnung geschaffenen Kritzelei auf der Grundlage von Noten ist eine künstlerische Methode erwachsen, die als Zerstörung und Verletzung der Notenschrift, als Verweigerung der Buchstaben, als Ausbruch aus kompositorischer und literarischer Arbeit zu deuten ist: Mit der Tuschfeder sind in subtilen Nuancen grafische Gespinste entstanden, Gespinste mit den Merkmalen des Bewegten, nicht Fassbaren, Verworrenen und Verwandelbaren. Nur die horizontale Linienführung oder die Gliederung durch Kolumnen lassen noch an Textseiten oder an Notenschrift einer Partitur denken. Heinz-Albert

Heindrichs No-tationen sind ein höchst sinnlicher und zugleich irritierender Ausdruck künstlerischer Selbstbefragung und Weltdeutung. Das Kunstwerk als Psychogramm.

Als Antwort auf diesen Ansatz der Zerstörung, Verletzung und Verunklarung steht der Zyklus „Harmonia mundi" aus dem Jahre 1995. Diese Arbeiten spiegeln eine vom Künstler gesuchte und wiedergefundene Harmonie. Aus der Ferne betrachtet erscheinen die Arbeiten als monochrome Bilder, wobei die Farbpalette auf Rot- und Blautöne reduziert ist. Doch bei näherer Betrachtung entdecken wir ein vibrierendes Zeichen- und Liniennetz, das mit der Feder in mehreren Schichten auf sich überlagernde Farbbahnen gezeichnet wurde. Die verschiedenen Schichten der Farbfelder werden durch die Überzeichnung zum Teil wieder freigelegt und sichtbar gemacht, während Elemente des kalligrafischen Gespinstes mit farbiger Kreide übermalt worden sind. Heindrichs nennt diese Arbeiten Palimpseste (griechisch palin: wieder – psestos: abgekratzt); so nannten die Mönche des Mittelalters solche Pergamentbögen, auf denen sie eine alte Handschrift abkratzten, um sie, oft auch mehrfach, neu zu überschreiben. Durch dieses raffinierte artistische Prinzip der gleichzeitigen Übermalung, Verunklarung und Sichtbarmachung geraten die Bilder der „Harmonia mundi" in Bewegung. Alles ist im Fluss, in Schwingung. in einer fast elektrischen Spannung. Die Bilder beginnen zu klingen, eine Assoziation, die durch Erinnerung der Federspuren an Notenschrift unterstützt wird.

Die Rudimente der Notenzeichen durchziehen gleichsam wie eine Milchstraße den dunklen Grund der Farbbahnen. Und wir denken an die uralte Symbolik der Milchstraße als Verbindung zwischen Himmel und Erde, zwischen Diesseits und Jenseits. In der Analogie zu dieser Symbolik sind auch die Farben dieses Zyklus zu befragen, die auf Blau- und Rottöne fokussiert sind. Rot ist die Farbe des menschlichen Lebens, der irdischen Begrenztheit. Rot ist die Farbe der Liebe, aber auch des Leids und des Krieges. Blau versinnbildlicht dagegen den unendlichen Himmel, Blau ist die Farbe des Göttlichen und der Sehnsucht. Und wenn diese beiden Farben gemischt werden, entsteht ein Violett, das die Botschaft kündet: „Da berühren sich Himmel und Erde."

Diese Symbolik findet in den Farben der Liturgie ihren Ausdruck, aber violett ist auch die Farbe der Meditation. Die Arbeiten von Heinz-Albert

Heindrichs sind in einem Zustand der Meditation entstanden und können in ihrer mystischen und symbolischen Kraft allein durch ein meditatives Betrachten erfahren werden. Aus der Zerstreuung der sinnlichen Eindrücke, aus der alltäglichen Reizüberflutung können sie den Betrachter herausführen und in die Tiefe des Urgrundes leiten. Denn Sinnbilder sind sichtbare Zeichen des Unsichtbaren und künden vom Sinn des Lebens. Wir sind dankbar für diese Bilder einer himmlischen Ruhe im Kontrast zum höllischen Lärm unsrer Alltagswelt.

Doch wir müssen uns Zeit lassen in der Auseinandersetzung mit diesen Werken, die nicht gesehen, sondern geschaut werden müssen. Wie Dichtung und Musik enthüllen sie sich nach und nach. Sie fordern die schöpferische Einbildungskraft des Betrachters, sie fordern eine brennende Phantasie. Durch das Verweben von Farbe und Federzeichnung werden wir angeregt, Verborgenes zu entschleiern, den Kern der Dinge zu erahnen. Und man denkt an das Wort Meister Eckharts: „Die Schale muss zerbrechen, soll herauskommen, was drinnen ist, denn willst du den Kern haben, so musst du die Schale zerbrechen."

Werfen wir auch einen kurzen Blich auf die Signatur des Künstlers, die – wie mir aufgefallen ist – seismografischen Charakter hat, der auch in dem vibrierenden, nach oben und unten ausschlagenden Liniennetz der Federzeichnungen beobachtet werden kann.

Wenn es stimmt, dass Künstler ihrer Zeit häufig voraus sind und durch ihre Sensibilität künftige Entwicklungen früher erahnen und fühlen als andere Menschen, so ist der Zyklus „Harmonia mundi" ein eindringliches Zeichen der Hoffnung, Mit „Harmonia mundi" antwortet der Künstler auf den Zeitgeist in seiner pessimistischen Weltsicht und seiner beängstigenden Untergangsverliebtheit. Heinz-Albert Heindrichs setzt mit seinen Arbeiten ein Zeichen, dass in einer Welt der Angst, Zerstörung und Verletzung dennoch göttliche Ordnung zu erahnen ist.

Häufig werde ich gefragt: was ist Kunst eigentlich? Und immer muss ich als Kunsthistoriker zugeben, dass ich Kunst nicht definieren kann. Denn jeder Versuch einer Definition birgt die Gefahr, Kunst auf bestimmte Funktionen und Wesensmerkmale zu reduzieren und damit andere abzuwerten. Das Phänomen der Kunst ist ihre Vielschichtigkeit. Und vielleicht ist dieses

Nichtdefinieren können kein Mangel, sondern ein kostbares Gut, das die Werthaltigkeit der Kunst aufleuchten lässt. Können Sie Liebe definieren?

Um dem Problem einer bloßen Beliebigkeit zu begegnen, habe ich für mich vier Kriterien festgelegt, um gute von schlechter Kunst unterscheiden zu können. Ich meine das Staunen, das Authentische, die künstlerische Originalität sowie das Geheimnisvolle: Die Kunst von Heinz-Albert Heindrichs ist für mich ein sinnliches Erleben, das mich fesselt und zum Staunen bringt. Sie ist in hohem Maße authentisch, glaubwürdig und ehrlich. Sie ist geprägt durch Originalität und Innovation. Sie atmet eine Aura des Geheimnisvollen. Ein gutes Kunstwerk muss verzaubern, einen geheimen Zauber in sich haben: und dies sehe ich in den Werkgruppen der No-tationen und des Zyklus „Harmonia mundi" verwirklicht.

Zeitungsartikel

Zeitungsartikel

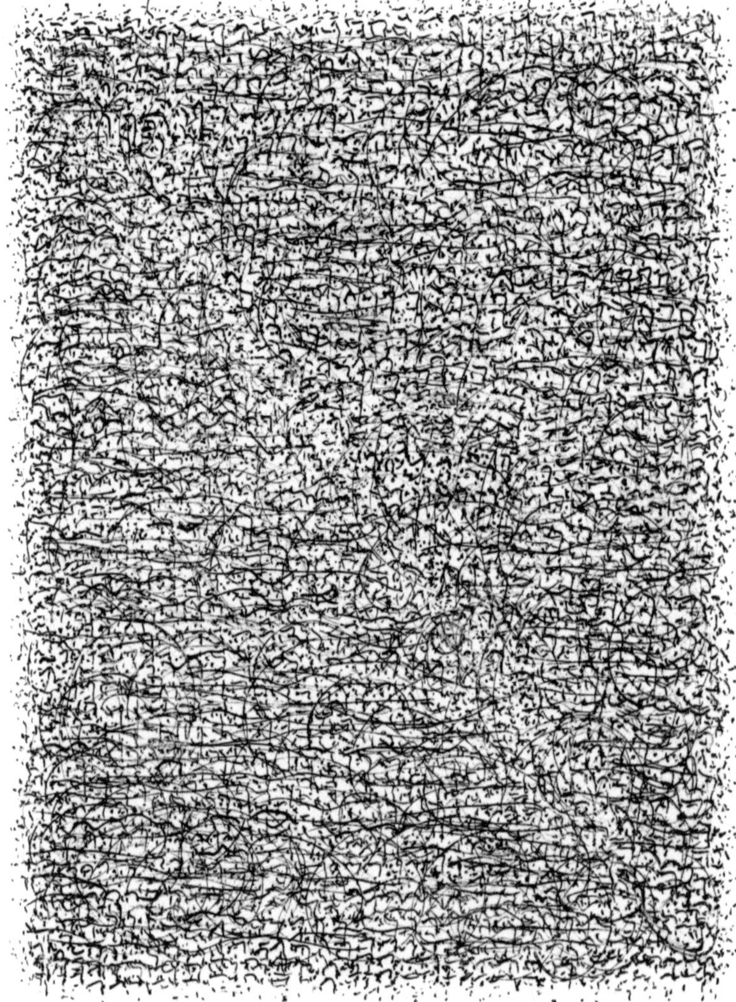

Heinz-Albert Heindrichs, No-tation, 13.03.1981

Zerbrechliches in Musik und Sprache

Er zielt mit seiner Kunst ins Zentrum tiefster Verinnerlichung. Seine Gebilde, ob visueller oder akustischer Art, sind dermaßen zart und zerbrechlich, dass er im lauten Kunstbetrieb unserer Tage stets Außenseiter sein wird. Von Heinz-Albert Heindrichs ist die Rede; das Museum Folkwang gab dem Universitätsprofessor jetzt Gelegenheit, sein Werk darzustellen. Schon in den fünfziger Jahren hat sich der Komponist dem progressiv dahin stürmenden Zeitgeist bewusst entfernt. Dem Rückzug in innere Bezirke folgte eine Zeit absoluter Stille. Die reine Poesie verhalf ihm schließlich, sich selbst wiederzufinden, um, so formulierte er einmal, „durch das Erfahrbare hindurch Unerfahrbares zu berühren." Alles, was von nun an entstand, ist ungemein verletzlich, bewegt sich am Rande des Verstummens. Was immer Heindrichs auch tut – er ist und bleibt Musiker.

So ist die Sprache seiner Gedichte, aus denen er im Museum las, aufs höchste „musikalisiert". Ebenso wie seine stummen Klangzeichen, die er Notationen nennt, bewirken diese knapp gefassten poetischen Gebilde in ihm ein neues Verhältnis zur Musik. Vier neue Liederbücher sind daraufhin entstanden. In ihnen – auf Texte von Ilse Aichinger, Günter Eich, Ernst Meister, Jürgen Becker, Paul Celan, Recha Freier, Ingeborg Bachmann und Nelly Sachs – findet Heindrichs zu einer sehr individuellen Verflechtung von Musik und Sprache. Bewundernswert, wie intensiv Carla Henius (Stimme und Instrumente) diese Kunst zu vermitteln versteht. Besonders das vierte Liederbuch, das jüdischen Dichtern deutscher Sprache gewidmet ist, hat berührt. Ein Abend, der mit großem Beifall bedacht wurde.

Johannes K. Glauber im Kulturteil der NRZ, November 1982

Ein Gleichnis der Welt

Jedes Bild ist kribbelig, unruhig, wuschelig, strichlinienaktiv; zugleich aber auch stark meditierend, poetiscch, farbtief und voller magischer Rätsel. Heutige Hieroglyphen, Fragen und auch Antworten in der bildnerisch-grafischen Sprache: der Zyklus „Hamonia mundi" – die Harmonie der Welt. Zu sehen sind die 24 großformatigen Werke im Saal und in den Foyers des Augustinus-Hauses an der Ahstraße. Dort hängen sie als Schenkung des Künstlers seit gut zehn Jahren. Heinz-Albert Heindrichs zeigt in ihnen einen abstrahierten Kosmos in der Nähe von musikalischen „No-tationen". Kein Wunder, dass bildende Kunst und Musikkomposition eng miteinander verzahnt sind – denn der Gelsenkirchener arbeitet gleichrangig in beiden Gebieten. Er ist Musiker, Zeichner – und auch Lyriker. Über die letztgenannte Sparte wird noch zu berichten sein.

„Harmonia mundi" – Mythos für Ebenmaß, Ordnung, Übereinstimmung, ästhetische Eintracht beim Kunterbunt unserer heutigen Völker- und Kulturenwelt, so fremd wie nah, so exotisch wie sympathisch, so aufgeschlossen wie verschlossen. Harmonia mundi – ein Begriff aus der Geschichte, auf das Heute bezogen. Heindrichs benutzt für diese für sein Werk beispielhafte Bildserie einen technischen Begriff, der vieles von der Schichtarbeit erklärt: Palimpsest – das waren in der Antike bereits beschriebene, dann abgeschabte und wieder neu mit Schrift gefüllte Pergamentpapiere. Ebenso geht er vor: Er legt Ebene auf Ebene, dicht in verschiedenen Farben und in Punkt-Strich-Struktur komponiert, um sie anschließend wieder abzutragen. Der Künstler greift in das Vorhandene ein. Neues entsteht, Kreideschichten werden durchdrungen, freigelegt, die Farbigkeit ändert sich, Bewegtheit und Dichte der Strukturen werden jeweils neu belebt und abgerufen. Der Zeichner: „Eine Mischung aus pulsierenden Zeichen und statischer Fläche: Ordnungsmodelle."

Die rhythmisch gehängten Bilder, entstanden im Zusammenhang mit dem Märchenkongress „Das Märchen und die Künste" in Tönen wie Orange, Blau, Violett, Braun usw. geben den Räumen Atmosphäre, Wärme, Klima – durch die Kunst, durch die Reflektion, durch den Dialog mit dem Raum, mit der rechtwinkligen Architektur des Hauses.

Demnächst wird Heindrichs sich als Lyriker zu Wort melden: Der renommierte Rimbaud-Verlag will im Lauf der nächsten Jahre alle 1200 Gedichte des Gelsenkirchener Autors veröffentlichen. Jährlich sind drei Bände von insgesamt zwölf geplant. Die Heindrichs-Zyklen „Vor der Stille", „Nonnense" oder „Das Honigklavier" u.a. werden in die Edition aufgenommen. Die Publikationen erscheinen jeweils zur Frankfurter und/oder Leipziger Buchmesse. Die erste Ausgabe kommt im Herbst 08 heraus.

Heindrichs, 78: „Dadurch wird ein anderes Licht auf mein Leben und mein Wirken geworfen. Der Lyriker, der meist hinter anderen Genres zurücktrat, rückt ins Interesse. Darüber freue ich mich insofern, als ich immer im Laufe meines Lebens geschrieben habe – bis zum heutigen Tag." Und noch eine schöne Nachricht aus dem Hause Heindrichs: Die Musik-Edition Dohr veröffentlicht in Serie neue Kompositionen des Gelsenkircheners, der jetzt noch ein Jubiläum feiern kann – er schreibt inzwischen seit mehr als 40 Jahren für Zeitungen und Fachblätter Musikbesprechungen.

Geboren wurde Heinz-Albert Heindrichs im rheinischen Brühl. Er studierte in den fünfziger Jahren Germanistik, Kunstwissenschaft und Musik in Bonn und Köln. Berufliche Stationen des Gelsenkircheners: Filmkomponist in München, Kapellmeister in Essen und Wuppertal, Hörspielkomponist; seit 1971 Professor und Dekan an der Universität Essen, ab 1989 auch an der Folkwang-Hochschule.

Der Bilderzyklus „Harmonia mundi" von Heinz-Albert Heindrichs in den Räumen des Augustinus-Hauses. Neue Lyrik und Noten-Editionen des Autors und Musikers (WAZ / 15. August 2008, Hans Jörg Loskill)

Sprachmusik und Notengespinste

Es gab immer schon Künstler, die auch dichten, oder Dichter, die auch komponieren. Aber ein Komponist wie Heinz-Albert Heindrichs, der nicht nur in der Musik, sondern ebenso in bildender Kunst und Lyrik Bemerkenswertes hervorgebracht hat, ist eine Ausnahmeerscheinung. Der gebürtige Rheinländer, der heute 80 wird, besitzt die seltene synästhetische Gabe, Musik als Farbe wahrzunehmen. Seine universale Kreativität speist sich freilich aus dem Wissen um die verlorene Einheit von Sinn und Form. Nach Kapellmeister-Stationen an den Bühnen von Essen und Wuppertal, nach über 250 Bühnen- und Hörspielkompositionen und experimentellen Stücken bewahrte den Kompositionsschüler von Frank Martin 1977 in einer künstlerischen Krise ein Zufall vor dem Verstummen. Heindrichs kritzelte Noten auf Papier, die sich nicht mehr zu musikalischen Strukturen, sondern zu optischen Rhythmen fügten. In seinen No-tationen wird Musik sichtbar.

In einem Überblick über das bildnerische Schaffen aus drei Jahrzehnten zeigt das Kunstmuseum Gelsenkirchen im Grafikkabinett diese frühen visuellen Kompositionen zusammen mit farblich nuancierten Musikaquarellen und den in den neunziger Jahren entstandenen Palimpsesten, in denen sich Farbe und Form zu feinsten Strukturen verdichten. Wie atomisiert verflüchtigen sich in den No-tationen Liniengespinste, Punkte und Schraffuren zu unspielbaren Partituren. Je zarter diese Gebilde, desto spannungsreicher wirken sie. Dieses Prinzip der Auflösung bis kurz vor dem Zerbrechen der Syntax prägt auch die ab 2008 im Rimbaud-Verlag erschienene Lyrik in Bänden mit jeweils sieben mal sieben oder zweimal 55 Gedichten. Auch die Sprachgespinste wirken in ihrer bildreichen Musikalität fragil: aus ihnen liest Heindrichs im Museum an mehreren Abenden.

Seit seinem Abschied als Professor für Musik und ihre Komposition an der Universität Essen komponiert Heindrichs wieder. Dass er die intimsten Formen bevorzugt, – in der Musik das Lied, in der Literatur die Lyrik und in der Kunst Zeichnung und Aquarell – ist kein Zufall. Die Verdichtung bewahrt sie vor dem Zerbrechen.

Bernd Aulich im Kulturteil der Ruhrnachrichten am 15. Oktober 2010

Symbolkraft der Strukturen

Eine meditative Verschlüsselung erreicht Heinz-Albert Heindrichs mit der Verdichtung kleinster Zeichen, die er aus der Sprache der Musik bezieht, aber auch aus den Erfahrungen seines literarischen Werkes. Die Sprache der zeichnerischen Kürzel mit Ballungen, langsamen Übergängen und Auflösungen, die wie Lichteinbrüche wirken, umfasst Gegensätze von Dynamik und Sammlung, von Ruhe und Vibration.

Ursprünglich als No-tationen begonnen, haben die Zeichnungen und farbigen Kartons längst Eigenständigkeit erlangt. Als wesentliches Element nach den Schwarz-Weiß-Bildern kam die experimentelle Verwendung von Farbe hinzu, welche die Symbolkraft der zeichnerischen Skriptur erhöht. Heindrichs, ein Meister der poetischen Wortspiele, vollzieht diese in seinen Strukturbildern, die sich in unbestimmten Räumen bewegen, auf sensible Weise nach.

Anneliese Knorr im Katalog des Kunstmuseum Gelsenkirchen

Ungreifbar wie das Flirren des Lichts

Die meisten Menschen spezialisieren sich im Laufe ihres Arbeitslebens, in ihren Hobbys und sogar in der Kunst. Einige wenige Menschen pflegen allerdings auf eine besondere Weise die Vielfalt. So Heinz-Albert Heindrichs, dessen Ausstellung „Entgrenzungen" derzeit auf den Wänden und in Vitrinen im Maternushaus zu sehen ist. Schon der Titel bringt zum Ausdruck, das der Komponist, Dirigent, Dichter, Maler, Musikpädagoge, Germanist, Märchenforscher, Kunst- und Musikwissenschaftler stets die Festlegung klarer Grenzen vermieden hat. Denn wer kann schon sagen, wo das eine anfängt und das andere aufhört. Bestehen nicht vielmehr zwischen Hören und Sehen, Alltagsgeräuschen und Musik, dem Erleben und dem Nachdenken, dem Schaffensprozess und der Vermittlung von Kenntnissen fließende Übergänge?

Multitalente wie der im Jahr 1930in Brühl geborene Heindrichs spüren das sehr früh in ihrem Leben. Sie können sich nur schwer für eine Spezialisierung entscheiden, und im besten Fall gelingt es ihnen, die unterschiedlichen Ausdrucksformen ihrer Erfahrung zu pflegen und auszuspielen.

Heindrichs jedoch ist das gelungen, was in dem zur Ausstellung veröffentlichten Katalog zu erfahren ist. Sind dort auch seine Beiträge zur Musik, zu Sprachmusik und zum Theater dokumentiert, beschränkt die Ausstellung sich notgedrungen auf seine bildnerische Tätigkeit und sein dichterisches Werk.

Zarter Farbhauch und regelmäßig-unregelmäßige Strukturen kennteichnen vor allem die Zeichnungen und malerischen Werke. Auf vielen Blättern entfaltet er die Spuren der Wiederholung , die zugleich die feinen Nuancen der Variation sichtbar machen. Die aus vielen bewegten Strichen geschaffenen Strukturen erscheinen wie seismographische Aufzeichnungen der feinen Schwingungen unseres Körpers. Ein schwebendes Farbvibrieren führt die Augen zu Lichtungen oder in undurchdringliche Verdichtungen. Farbiges Glas vernebelt den Blick oder verflüchtigt sich in einer verblüffenden Klarheit.

Atem für Atem, von Jahr zu Jahr" lautet der Titel eines ausgestellten Gedichtbandes, auf dessen Umschlag eine vielfarbige Stricheverschlingung zu sehen ist. Ein anderes Gedicht handelt vom „Honigklavier" und dem Zustand „vor der Stille". Wieder andere Zeilen handeln „von gezählten Tagen im freien Fall". Kurzum, es geht um Poesie und die elementaren Erfahrungen des Lebens.

In unterschiedlichen Ausdrucksformen thematisiert Heindrichs das, was ungreifbar ist. Ungreifbar wie das Flirren des Lichts und den Hauch des Windes. Ungreifbar wie die fixen Ideen unter der Schädeldecke und die feinen Schwingungen unter der Haut. Ungreifbar wie die Himmelsweite, das Sternengefieder und das Lächeln Gottes. Heindrichs ist mit Wörtern, Klängen, zeichnerischen und malerischen Elementen einer Wirklichkeit auf der Spur, die über die materielle Welt hinaus führt, obwohl sie mitten in ihr steckt. Um die feinen Nuancen geht es, die eine Empfindung von der anderen unterscheidet. Es sind die feinen Nuancen, die unsere Freiheit ausmachen, die aber auch zeigen, wie zwingend wir in bestimmten Mustern gefangen sind. Heindrichs Kunst fordert die Genauigkeit unserer Wahrnehmung aufs Äußerste. Zugleich zeigt er jedoch, dass in der Aufmerksamkeit und Konzentration einer genauen Wahrnehmung die Intensität des Lebens und seine Besänftigung zu finden ist. Wenn Friedrich Schiller in seinen Briefen zur ästhetischen Erziehung von der allseitigen Entfaltung aller Kräfte des Menschen spricht, führt Heindrichs Kunst ebenso wie sein Leben genau auf diesen Pfad.

Spezialistentum mag zu Erfolgen in einzelnen Bereichen führen, doch es verliert die Ganzheit und das Gleichgewicht des Lebendigen aus dem Blick. Die „Entgrenzungen", die Heinz-Albert Heindrichs betreibt, sind eben nicht die Engrenzungen des höher, weiter, schneller, auf die die Leistungs- und Spaßgesellschaft das Leben oft verkürzt. Heindrichs Entgrenzungen beziehen sich auf die Aufhebung der Schranken, die zwischen dem einen und dem anderen Menschen, den Dingen der Welt und dem Himmel bestehen.

Ausstellung mit Werken von Heinz-Albert Heindichs im Maternushaus Köln. Jürgen Kisters im Kölner Stadtanzeiger vom 25.9.2014

Gedichtbesprechungen

Schatten einer unsichtbaren Welt

Prof. Dr. Otto Betz im Jahr 2014 über einen neuen Lyrikband von Heinz-Albert Heindrichs

Heinz-Albert Heindrichs ist ein Phänomen. Die einen schätzen ihn als Komponisten und Musiker, hat er doch viele Jahre für die Bühne Theatermusiken geschrieben, aber auch Musik für Orchester, für Chöre, ganze Liederzyklen nach Gedichten von Ingeborg Bachmann, Paul Celan, Georg Trakl und vielen anderen, und schließlich war er lange Jahre als Professor für Komposition und Musikpädagogik tätig. Andere lieben ihn wegen seiner Bilder: seine Grafiken umspielen geheimnisvolle Schriftzeichen, die wie Palimpseste untergegangener Kulturen andere Welten evozieren. Vor allem aber hat er sich als Lyriker einen Namen gemacht und mit vielen Bänden eine große Leserschaft gewonnen. Mit einer synästhetischen Begabung heimgesucht, war es ihm wohl bestimmt, zwischen den Künsten zu mäandern und immer neue Ausdrucksformen für seine vielfältigen Begabungen zu finden. In seinem letzten Gedichtband hat er dieser Dreifachberufung einmal unter dem Titel „Lebensmär" so Ausdruck gegeben:

> dass es dich nicht zerrissen
> beim Sturz zwischen
> Liebe
> drei Künsten
> der Sorge um Brot
> und um wechselnde Berufe
>
> jetzt bist du alt und erahnst
> dass du zerrissen
> worden
>
> wär auch nur eine
> Aufgabe ungelöst geblieben

In 16 Bänden ist der Ertrag eines langen künstlerischen Lebens gesammelt (wobei ein Ende bei weitem nicht abzusehen ist). Das Ringen um das rechte Wort gehört seit Jahrzehnten zum alltäglichen Leben des Dichters. Immer wieder neu muss er Antwort geben auf die Herausforderungen und Widerfahrnisse der Welt, aber auch auf die Phänomene des Schönen und die unbegreiflichen Wunder verborgener Ordnung. Da spiegelt sich nicht nur ein langes Leben in seinen wichtigsten Stationen, immer wieder musste er sich neuen Fragen stellen und Antworten versuchen, immer wieder machte er auch leidvolle Wandlungen durch. Wie viele scheinbaren Sicherheiten und Gewissheiten wurden fraglich. Und trotzdem wurde der eigene Weg als „Jakobsweg" erlebt.

> Nicht vor deinen Füßen
> doch unentwegt
> im Kopf
> wandern dir
> ungelöst die Fragen
>
> wer haucht den Atem
> in die Kehle
>
> wer schöpft das Meer
> in die Muschel
>
> es war
> schon immer
> ohne Ende dein Weg

Mit der biblischen Welt und dem Raum der Kirche war Heindrichs immer verbunden, mitfühlend und mitleidend. Aber die kirchliche Neigung, sich gegen Einsichten im Verständnis der Welt oft genug zu verschließen, lieber in einer vertrauten Denkweise des Überkommenen zu verharren, hat ihm manchmal auch die Identifikation schwer gemacht. Sein Glaube war einer, der immer wieder neu errungen werden musste.

154

Allein
im Dunkel
sein und ahnen
dass wir in Wahrheit
nur das sichtbare Zeichen
einer unsichtbaren
Wirklichkeit
sind
ob dies
den Menschen
je gelingt zu beweisen
dass alle sichtbaren Körper
in diesem Weltall
nur Schatten
seien

einer nicht sichtbaren Kraft

Die Größe des Menschen kann nicht wahrgenommen werden, ohne dass
man auch seine verschwindende Winzigkeit zugibt. Wir müssen herunter von
dem Thron, um auch wieder „stehen" zu können. Alles scheint sich beinahe
aufzulösen und in Stücke zu zerfallen, bis sich eine neue Gestalt zu erkennen
gibt.

Weiß wohl

dass die Zeichen sich ändern
die Welt unvorstellbar
die Erde winzig
und ich
nicht mehr
als ein Sandkorn
vom Ozean ausgeworfen
das nicht mehr weiß
was Heimat
und wie ein endlich
sich zum Unendlichen wende
wofür in all dem
ich hier

Ein Schauender ist Heindrichs, deshalb muss er Bilder finden, um dem Geheimnis des Daseins näher zu kommen. Das Ungeheuerliche der kosmischen Welten ist nicht vorstellbar und macht uns Angst. Wird ein Gleichnis gefunden, dann ist zwar nichts erklärt, alles bleibt so rätselhaft wie vorher, und trotzdem wird man damit etwas vertrauter.

Vom Zufall

lass
von oben
ins Teeglas nur
einen Milchtropfen fallen

mehr bedarfs nicht
um über den Lauf
des Weltalls nachzusinnen

Man denke bei diesen Versen an Adalbert Stifter und an sein sanftes Gesetz. – Ein Dichter steht ja in gewisser Weise stellvertretend für uns alle, er nimmt unsere ungelösten Fragen auf sich, geht damit um, verbindet sie mit seinen eigenen, und entlässt uns wieder mit neuen Fragen, die plötzlich einen weiteren Horizont sichtbar machen.

Wie lange noch

Menschen
die Erde bewohnen
ob andere Arten ihnen folgen

die Sonne noch strahlt
das All
Galaxien gebiert
um sie wohin zu verschlingen

wer nur hat es zu denken
erlaubt zu fragen
wie

Uns begegnet hier eine Lyrik, die nicht in ein Traumland des Versponnenen flieht, die sich den harten Herausforderungen stellt und nicht davonläuft, wenn uns die Fragen um die Ohren fliegen. Vielleicht muss ja ein Dichter, wenn er auch eine seherische Gabe hat, gleichsam die offene Wunde der Gesellschaft sein, muss diese Offenheit aushalten, die sich nicht schließen darf. Ein Lyriker muss uns nicht unbedingt die Welträtsel lösen und eine neue Interpretation des Daseins liefern, aber vielleicht stößt er eine Veränderung des Denkens an oder öffnet unser Blickfeld.

Biogramm

wie
Bienenvölker
und Menschenmassen
Planetensysteme und Sternenhaufen
sich bilden und untergehn
das mag uns gelingen
zu begreifen
doch
was wir eigentlich
suchen war hinter dem wie die Frage
warum dieses Weltall ist
und wir hier
sind

Immer begegnen einander Skepsis und Hoffnung, nur die Resignation hat keinen Platz. Aber auf die schnellen Antworten wird verzichtet, leichtgewichtiger Trost ist bei ihm nicht zu finden. Wir werden aufgefordert, die ungelösten Daseins-rätsel erst einmal stehen zu lassen.

Rätsel um Rätsel

dass wir
durch den Tunnel müssen
bei der Geburt so auch im Tod
einige meinen es zu wissen

aber wohin
das All verschlungen
und was da mit ihm geschieht

glaubst du denn das je
zu erraten

158

„Ist irgendetwas Gewisses in menschlichen Dingen?", hat Euripides schon vor zweieinhalb Jahrtausenden gefragt und geantwortet: „Ich weiß es nicht." Aber er hat sich auch damals schon gewundert, „dass der unerwartete Ausgang oft aus dem Gegenteil hervorspringt". Auch Heinz-Albert Heindrichs zeigt uns keine geschlossene Welt, wir müssen uns damit abfinden, dass wir auf schwankendem Boden stehen: aber wir sind von einem großen Horizont umgeben.

Gottes Teil

wie vielen
Göttern hat der Mensch
geglaubt dass sie im Innersten
die Welt zusammen
hielten

doch
wenn Physik
und Metaphysik
auf derselben Spur sind
müssten wir dann nicht erleben

wie Vernunft und Glaube
endlich einander
umarmen

Wir gehen als Leser seiner Gedichte mit dem Poeten durch die Täler der Verunsicherung und Anfechtung, aber wir werden mit ihm auch zu einer neuen Hoffnung geführt.

was die Forscher berichten
dass alles im Kosmos
Schwingung
und so
auch wir keine Materie sind
wird dann sich das Weltbild
nicht zum spirituellen
hin verändern
müssen

aber noch
wandelnd im Fortschritt

wer mag da schon begreifen

Was für eine knappe Sprachform hat Heindrichs gefunden, oft besteht eine Zeile nur aus einem einsilbigen Wort. Das gibt auch einen Hinweis darauf, wie ein solches Gedicht gesprochen werden muss, wenn wir den Versen unsere Stimme leihen: Wieviele Pausen müssen bedacht werden, wie sehr muss sich unser Sprechen verlangsamen. – Jedes Wort braucht seinen Hallraum. – Das Fragende und Experimentierende gehört zu diesen Gedichten, sie übermitteln keine ewigen Wahrheiten, sondern tasten sich ins Nochnicht-Eindeutige vor, ins Neuland. Ihre Musik wird uns nicht ins Ohr geblasen, sie muss erst erlauscht werden.
Gedichte in: Heinz-Albert Heindrichs, Sterngefieder / Die Ferne so nah, Gesammelte Gedichte Band XVI, Rimbaud Verlag, Aachen 2014

Coda

Eine Besprechung von Elias Betz, Professor für Schlaginstrumente an der Musikhochschule Mannheim

Coda

spiele
den tiefsten Ton
und denke ihn tiefer und tiefer

unten
wartet ein Lerchenfeld

Faszination der Tiefe! Hinein genommen werden in die Urgründe von Klang! Was macht die Faszination und Magie von tiefen Tönen aus?

Es ist in besonderer Weise das selber aktiv Sein im zunächst absichtslosen Spiel (– spiele den tiefsten Ton –), das Erproben und Entdecken von Klangmöglichkeiten, das Nachvollziehen des Prinzips von Ursache und Wirkung bei der Klangerzeugung, die körperlich wahrnehmbare Resonanz und das Eintauchen in einen großen Klangraum, der nicht von der Lautstärke bestimmt ist. Spielen – Lauschen – Staunen.

Und dann transformiert sich die Aktivität des Spielens in eine neue Seins-Form (– und denke ihn tiefer und tiefer –). Das Hörbare wird immateriell, in einen erweiterten Wahrnehmungs-kontext überführt und mündet in einen Zustand höchster Präsenz: im Unhörbaren. Imagination. Geheimnisvolle Stille am Ende des Raumes. Jenseits der Vorstellung, tiefer als wir zu denken vermögen, nicht oben, sondern unten erwartet Es uns. Etwas Un-er-wartetes stellt sich ein: ein Lerchenfeld! Klangspuren zukünftiger Musik. Gesänge im Flug vorgetragen, so wie es Lerchen mitunter tun auf einem Feld, das in unendliche Weite führt. In diesem Gedicht Coda wird Musik als eine Sprache erfahren, die aus der Stille kommt und wieder in sie zurückführt, aber dabei den Raum öffnet für Unerwartbares.

Blindzeichen

Ursula Heindrichs: Reflexionen über ein Gedicht von Heinz-Albert Heindrichs

Blindzeichen

Wehrlos werden wie Bäume

aber
mit Wurzeln
das Licht begreifen

kann sein das Flügelpaar
kehrt aus Fernen
wieder[15]

Welch ein Paradox! Ein Zeichen sollte man sehen können, aber, wer blind ist, kann das nicht. – Oder ist es ein Zeichen, das gerade dem Blinden zugänglich ist, ihm quasi die Augen öffnet? Die Überschrift des Gedichtes verrät davon nichts, lässt eine Antwort in der Schwebe. Programmatisch beginnt das Gedicht. Ist die erste Zeile ein Lebensmotto, ein Befehl, eine Aufforderung?

„Wehrlos werden wie Bäume"! Der Mensch, umstellt von Gefahren, Krieg, Gewalt – soll sich in der Wehrlosigkeit üben: das ist eine Friedensbotschaft, und die großen Lehrmeister sind die Bäume. Sie können nicht vor der Gefahr fliehen, sie halten den Sturm aus, lassen ihn an sich zerren, halten ihm ihre ungeschützte Gestalt hin.

Das Gedicht setzt neu an: „aber" … was folgt, sollte vielleicht eher ein – dann wirst du – evozieren; aber stattdessen folgt ein neues Paradoxon:

---

15 Aus: Heinz-Albert Heindrichs „Unter dem Horizont / Weil es dich gibt" - Gesammelte Gedichte Bd. 4, S. 97 - Rimbaud Verlag Aachen 2008

„mit Wurzeln
das Licht begreifen“.

Wie ist das möglich? In der Dunkelheit der Erdentiefe findet sich ein Licht anderer Qualität, ein Licht aus Vergangenheiten? Aus Kindheitstagen? Gerade die Finsternis, in der die Wurzeln des Baumes gründen, ist die Bedingung für dieses Licht. Gab es im Mutterschoß Licht?

Präexistente, pränatale Bilder tauchen im Betrachter auf, wenn das Gedicht die Hoffnung (oder nur die Vermutung) ausspricht:

„kann sein das Flügelpaar
kehrt aus Fernen
wieder“.

Wir denken an Vögel, Schmetterlinge, vor allem aber an Engel; sie sind entfernt seit langer Zeit, ihre Wiederkehr scheint möglich, wenn der Mensch wehrlos geworden ist wie Bäume.

Die strenge, siebenzeilige Form des Gedichtes zeigt den bewussten Bauwillen des Dichters: drei wachsende Zeilen entsprechen drei abnehmenden; die erste Zeile hat ebenso viele Buchstaben wie die fünfte, so dass die Aussagen „ wehrlos werden wie Bäume“ und „kann sein das Flügelpaar“ schon optisch miteinander korrespondieren. In nur sieben Zeilen wird ein Symbol für den Menschen beschworen am Sichtbaren, aber das Sichtbare wird zum Zeichen für unsichtbare, im Gedicht verschwiegene Kräfte, eben „Blindzeichen“.

Sanctus

Eine Besprechung von Ursula Heindrichs

Sanctus

ich werde sein
eine Silbe
Staub

aber es ist kein Mund

ich werde sein
eine Salve
Licht

eine Wolke Klangstaub
Lichtstaub

Licht Klang Staub

aber es ist keine Auge
es ist kein Ohr

Hosianna

Das Gedicht „Sanctus" ist in den siebziger Jahren entstanden; es versucht, den Konflikt zwischen sinnlicher Erfahrung und übersinnlicher Erwartung zu lösen. Der Titel ist der christlichen Liturgie entnommen, die mit diesem Gesang die Berufungsvision des Propheten Jesaja aus der hebräischen Bibel zitiert.

Die erste Zeile des Gedichts spricht mit absoluter Sicherheit von ei-nem „sein" in der Zukunft ; da die dritte Zeile ausgefüllt ist mit dem Wort

„Staub", wird sogleich aber klar, dass es sich um ein „Sein" nach dem Tod handeln muss. Merkwürdig erscheint dem Leser jedoch die Verbindung: „eine Silbe Staub". Mit Staub verbinden wir in religiösen Zusammenhängen durchaus die Vorstellung vom Tod, vom ,Memento mori' des Aschenkreuzes am Aschermittwoch; aber die Verbindung zum gesprochenen (oder geschriebenen) Wort Silbe überrascht, wirft Verständnisfragen auf. Dem ersten Zeilenabschnitt, dem Satz „ich werde sein / eine Silbe / Staub" folgt indessen mit der vierten Zeile eine Negation, die mit dem adversativen „aber" in krassem Gegensatz zum vorher Gesagten steht: „aber es ist kein Mund."

Die Aussage wird mit der gleichen Sicherheit ausgesprochen wie zuvor das Sein in der Zukunft; zudem wählt der Dichter nun das Präsenz: es ist kein Mund! Die Zuordnung von „Silbe" und „Mund" ist evident; aber hat sich Zukunft schon im Jetzt ereignet? Noch einmal wird, mit gleicher Sicherheit, die erste Zeile in der fünften wiederholt: wieder heißt es „ich werde sein", nun aber „eine Salve Licht". Auch hier fällt die Zuordnung von Salve und Licht schwer; die Salve hören wir beim Schuss, das Licht sehen wir ! Eine Zukunft steht aus, die sich indessen nicht begnügen wird mit Staub und Licht, wenn das „ich werde sein" ebenso gilt für „eine Wolke Klangstaub / Lichtstaub". Eine Wolke lässt sich leicht mit Staub zusammensehen, aber die Wolke aus „Klangstaub" offenbart ebenso wie die Wortschöpfung „Lichtstaub" die synästhetische Erfahrungsweise des Autors. Durch den Anfang des Gedichts sehen wir die „Silbe", die der „Mund" sprechen könnte, gebunden an den „Staub"; nun aber wird der Staub mit dem Klangereignis (der Dichter ist auch Komponist) und zugleich mit der Lichterfahrung verbunden. Und wenn die fünfte Verseinheit, ebenso wie die zweite, nur aus einer Zeile besteht: „Licht Klang Staub – dann wirkt diese nun wie ein magisches Beschwören des „Ich werde sein": Sehen und Hören und Todeserwartung kulminieren und übersteigen auch die synästhetischen Erfahrungen des Autors.

Nach dieser Steigerung wird die sechste Verseinheit den Leser umso betroffener machen; denn mit einem neuerlichen „aber" bringt sie den Absturz: „aber es ist kein Auge / es ist kein Ohr". Mund, Auge und Ohr sind nicht, sie werden nicht sein, und der Jubelruf von „Licht Klang Staub" scheint zernichtet. Im Glauben an die Auferstehung der Toten, von der in der Messe das Credo spricht, geht es nicht um die Wiederbelebung des ,Körpers', sondern um die Auferstehung des Leibes; der Körper meint Fleisch und Blut, der Leib hingegen das Wesen des Menschen, all das, was seine Identität ausmacht. Das weiß der Dichter, wenn er sagt, dass in der erwarteten Zukunft weder Mund noch Auge noch Ohr sein werden; darum kann das Gedicht in der siebenten Verszeile ebenso überraschend mit dem Ruf „hosianna" enden. Mit ihm endet auch in der Messe das „Sanctus"; die beiden lateinischen Worte Sanctus und Hosianna umschließen das Gedicht, das sieben, mit der Überschrift acht Zeilen hat. Wir denken an die Acht, die bei den Israeliten über die Sieben hinausgehende Zahl – Acht ist das Unbenennbare, das Unsichtbare, Höchste.

Mit „Sanctus" ist dem Synästhetiker Heindrichs ein Gedicht gelungen, das einen scheinbar unauflöslichen Widerspruch artikuliert: es versucht zu transzendieren, in-dem es die Grenzen des Sicht- und Hörbaren sprengt.

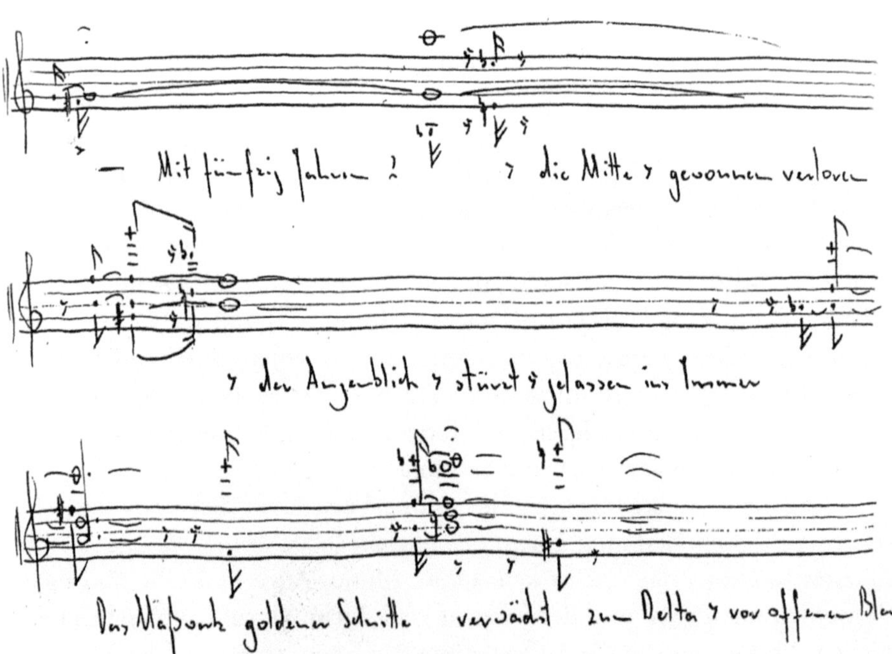

Heinz-Albert Heindrichs, Gedicht: Mit fünfzig Jahren.
Fassung für Klavier und Sprechstimme

Zwei Gedichte

Eine Besprechung von Ursula Heindrichs

Mit fünfzig Jahren

die Mitte
gewonnen verloren

der Augenblick
stürzt
gelassen
ins Immer

das Maßwerk
goldener Schnitte
verwächst

zum Delta
vor offenem Blau

Blindzeichen

wehrlos werden wie Bäume

aber
mit Wurzeln
das Licht begreifen

kann sein das Flügelpaar
kehrt aus Fernen
wieder

Die strenge, siebenzeilige Form von „Blindzeichen" zeigt einen bewussten Bauwillen: drei wachsende Zeilen entsprechen drei abnehmenden: die erste Zeile hat ebenso viele Buchstaben wie die fünfte, so dass die Aussagen „wehrlos werden wie Bäume" und „kann sein das Flügelpaar" einander schon optisch bedingen. Bedingung für die Möglichkeit der Wiederkehr „aus Fernen" ist die Wehrlosigkeit, die die dem Menschen in den Bäumen gleichnishaft vorgelebt wird: diese Bäume werden zum Bild für den Menschen, wenn sie, in nächtlicher Erdentiefe, "mit Wurzeln das Licht begreifen." Pränatale, prä-existente Bilder assoziieren wir bei der Rückerwartung des Flügelpaars, aber auch Schmetterling, Vogel, Engel. In Bildern ist das Geheimnis freilich nicht fassbar: sie stehen für eine Qualität außerhalb der Bilder, und das Wort „Blindzeichen" macht sie zum Symbol dafür: beschworen wird das Sichtbare, dennoch wird Sichtbares zum Zeichen für unsichtbare, im Gedicht verschwiegene Kräfte.

„Mit fünfzig Jahren" entstand in Padua – vor einer Reliefkarte von der Po-Ebene: schnurgerade Alpenbäche stürzen in den großen Fluss, der sich vor dem Meer verzweigt - ein Bild, das zum Sinnbild eines Lebensstadiums wird. Für den Komponisten manifestieren sich Inhalte freilich vor allem in der Form – für ihn ist sie geheime Träger der Aussage.

Formal ist das Gedicht eine Auseinandersetzung zwischen geschlosener und offener Form: ohne Titel liest es sich spiegelsymmetrisch (2 + 3 + 3 + 2) mit Titel als arithmetrische Reihe des Goldenen Schnittes, ins Unendliche führend (1 + 2 + 3 + 5): Bild, Erfahrung und Komposition entsprechen sich so vollkommen und bleiben zugleich doch ambivalent.

Solche Gestaltvorstellungen bestimmen ja auch die Musik des Komponisten: das Wechselspiel von geschlossener und offener Form entspricht seinem Bewusstsein, auf der Schwelle zu leben zwischen Geburt und Tod: zwischen Sehen, Hören und Begreifen entsteht eine Art synästhetischer Kontrapunkt.

Geburtstag

Eine Besprechung von Otto Betz

Geburtstag

nicht
jeder weiß
wann er geboren

und was weiter mit ihm
lernte er nur vom
Hörensagen

erfahren
was wirklich in dir
wozu allein du hier bist

das dauert ein Leben
ein Sterben
lang

Als Goethe daran ging, über sein Leben intensiver nachzudenken und ein dichterisch wahres Buch über die Stationen seines Werdens zu schreiben, da merkte er: über seine frühen Jahre wusste er kaum etwas. Also beauftragte er Bettina Brentano, ihm all das aufzuschreiben, was Mutter Aja ihr bei den vielen Gesprächen erzählt und was sie treulich bewahr hatte. – So wie Goethe, sind auch wir „vom Hörensagen" abhängig: wie gut, wenn einer noch etwas verwahrt hat und uns später erzählen kann, was sich da alles ereignet hat.

Die Frage allerdings bleibt: Trifft das Erinnerte wirklich den Kern der Sache, das Wesen der Person? Oder sind es mehr oder weniger belanglose Rand-erscheinungen, die eher das verdecken, was im Leben eines Menschen von zentraler Bedeutung war. Wenn ich all die Anekdoten und

Erinnerungsbruchstücke zusammenfüge, die mir über meine Kindheit zu Ohren kommen, bekomme ich da ein verlässliches Bild meiner Existenz oder nur eine seltsame Karikatur mit verschwommenen Konturen? Heinz-Albert Heindrichs skizziert in seinem Gedicht die Kurzfassung eines Lebens: da ist die Dämmerung der frühen Jahre, da taucht die Frage auf: wer bin ich eigentlich selbst; und es wird eine Antwort versucht: dazu brauche ich mein ganzes Leben, mein ganzes Sterben.

Das Gedicht beginnt mit der Ein-wort-zeile „nicht". Am Anfang steht nicht das Wissen, sondern das Nichtwissen. Im Mittelpunkt des Gedichts steht das Wort „erfahren". Im Laufe des Lebens muss herauskommen, ob die Lebensfahrt eine Irrfahrt oder eine Wohlfahrt gewesen ist, ob ein Mensch fahrlässig mit dem Potential seiner Möglichkeiten umgegangen ist, ob er die entscheidende Frage beantworten konnte: Was ist mein Auftrag, wozu bin ich gerufen, habe ich den mir zugedachten Platz gefunden? - Ob es einem Menschen gelingt, eine gültige Antwort zu geben, bleibt im Gedicht offen. Angedeutet wird nur, dass diese Antwort gegeben werden muss, aber nicht irgendwann ein für allemal, nicht in einer Hoch-stimmung oder dem Moment einer tieferen Einsicht, sondern in der Verwirklichung des Daseins selbst. Die Antwort ist nicht das Leben allein, auch das Sterben gehört dazu.

Das Schlusswort des Gedichts lautet „lang". Es ist ein langer Weg, diese Fahrt des Fahrenden, aber es mag sein, dass jede Phase dieses Weges, jede Station dieses Sterbens eine Silbe der Antwort ist, die von einem Menschen erwartet wird.

Mit welch knappen Strichen entwirft Heindrichs die Figur seines Gedichts. Von den zwölf Zeilen haben vier nur ein einziges Wort. Der Interpret muss sich geradezu entschuldigen, dass er mehr Worte braucht, um anzudeuten, was das Gedicht bei ihm ausgelöst hat. Im Grunde muss er seine Worte wieder zurücknehmen, damit sich das poetische Gebilde in seiner kargen Überzeugungskraft entfalten kann.

Wechselseitige Inspiration

Eine Reflexion von Marcellus M. Menke, im Mai 2019

Texte stehen in ihrer Zeit und sie weisen über sie hinaus. In ganz besonderer Weise trifft dies auf eine so konzentriert komprimierte Textform zu, wie sie die Gedichte Heinz-Albert Heindrichs darstellen. Natürlich lassen sie sich mit der Kenntnis des zeitlichen Kontextes, mit dem Wissen um Entstehung und Wirkung interpretieren, lassen sich so erschließen, wie sie zum Zeitpunkt des Schreibens angelegt worden sind. Doch dieser Versuch einer Annäherung erschließt nur eine der vielen ihnen innewohnenden Dimensionen. Denn so, wie bei jedem Lesen und in jedem Leser immer wieder ein neuer, ein andere Resonanzraum angesprochen wird, so sind diese, in der Bewusstheit ihrer Proportionalität komponierten Wortgebilde, auch in einem anderen zeitlichen Kontext als dem ihrer Entstehung ein Kondensationspunkt, der zur Reflexion anregt und herausfordert.

Dies lässt sich besonders schön an den 1977 entstandenen Honiggedichten zeigen. Eine Gruppe von vier Gedichten, zusammen, die Titel mitgerechnet, 43 Zeilen. Sie sind Joseph Beuys gewidmet. Das ist zunächst einmal einfach ein Hinweis auf ihre Entstehung. In ihnen spiegelt sich die Begegnung mit einem Werk aus einer der früheren Perioden im Schaffen von Joseph Beuys. Eine starke Begegnung erzeugt starke Bilder und dieser Impuls setzt sich fort: Im Leser erzeugen die Honiggedichte Bilder der großen Themen menschlicher Existenz: Freiheit und das ins Leben geworfen sein, zum Beispiel.

Das fruchtbare Land, der Boden auf dem und von dem das Wesen Mensch lebt, zeigt sich in ganz unterschiedlicher Weise. Schon in einer sehr frühen Phase der Genese von Kultur ist das Land für den Menschen der karge Boden, dem der biblische Kain, im Schweiße seines Angesichtes, den Ertrag abringen muss. In ihrer verdinglichenden Gegenüberhaltung ist die, mit Agrochemie und Gentechnik um Ertragssteigerung kämpfende, industrielle Landwirtschaft gar nicht so weit von der Erlebniswelt des biblischen Menschen entfernt, wie es die zeitliche Distanz vermuten ließe. Der fruchtbare Boden des paradiesischen Gartens, dessen Pflanzen wie von selbst reiche Früchte tragen, scheint heute, mit den erodierenden und von Dürren bedrohten Böden, weiter entfernt den je. Das erste Bild der Honiggedichte ist dieses karge Land, das kein Land für Früchte ist und aus den Honigwaben, dem Ort in dem kleine fleißige Naturwesen hochkonzentrierte Nahrung ablegen, lässt sich nichts Fruchtbares gewinnen. Sie sind leer, die Waben.

Honig ist Kraft und Energie, von den sprichwörtlich fleißigen Bienen gesammelt. Doch im ersten der Honiggedichte ist das Summen nicht Fleiß, nicht Geschäftigkeit, sondern die letzte Zusammenballung des von den mächtigen Walzen der Datenzentralen bedrohten wilden Denkens. Die Biene ist Natur, ursprüngliche Natur, ganz aktuell bedroht und Symboltier für das rasant fortschreitende Artensterben. Die Biene im Korb, die Honigbiene, ist aber auch vom Menschen gezähmte, dienstbar gemachte Natur. Sie mit viel Rauch bändigend, nimmt sich der Mensch den Honig und vertauscht das Genommene mit Zuckerwasser.

Als staatenbildendes Wesen ist die Biene dann auch Analogie- und Modellsystem für das Gemeinschaftswesen Mensch. Heute mag ein Leser bei dem Wort „Datenzentralen", in der sechsten Zeile des Gedichtes, vielleicht an die großen Internetkonzerne denken. Sie versprechen Fortschritt, Freiheit und eine ganz neue Form gesellschaftlichen Zusammenlebens. Es summt und surrt in diesen Netzwerken, die sich sozial nennen. Aber „wild" im Sinne von frei, ursprünglich, seiner Natur verbunden, vielleicht auch im Sinne von widerspenstig, gegen Zwänge aufbegehrend, ist es nicht, dieses elektronische Summen. Wir erleben gerade wie es sich täuschen, fehlleiten, irritieren lässt, wie die Fehlinformation und Shitstorms freie Gedanken niederwalzen.

Der summende Korb, in den beiden letzten Zeilen des Gedichtes, legt noch eine ganz andere Spur. Das Summen, das vor sich hin summen, ist eine der ursprünglichsten Formen des Beginns von Musikalität. Die in sich hinein gesummte Melodie ist der Anfang des Sichtbarwerdens musikalischer Gedanken, der Anfang von Notation, von klingenden Zeichen. Hier ist sie widerständig, will sich nicht vereinnahmen lassen. Ein immer wiederkehrendes Motiv bei Heinz-Albert Heindrichs.

In dem „kein Fruchtland" der Titelzeile schimmert, als antipodische Erinnerung das fruchtbare Land durch, steht als Wahrnehmungsleitlinie im Hintergrund. Es sind zwei Ur-Erinnerungen die hier aufeinanderprallen und sich in zwei gegensätzlichen Gegenwartserfahrungen spiegeln. Die Möglichkeit und die Unmöglichkeit von Leben des auf Gemeinschaft angelegten Sinneswesen Mensch in der Welt, in die er sich geworfen findet.

Die Bedeutung von Worten verändert sich, ihnen mitgegebene Konnotationen und von ihnen ausgelöste Assoziationen sind abhängig vom zeitlichen Kontext des Lesenden. Hört man heute das Wort Drohne, denkt man im besten Fall an ein viermotoriges Kinderspielzeug, im schlimmsten Fall an ein fliegendes autonomes Waffensystem. Letztere Assoziationen scheinen gar nicht so weit entfernt zu sein von der Bilderwelt, die das zweit Gedicht, „Todesweihe", entstehen lässt. Ins Freie gezerrt, ausgehungert, ausgeliefert einer übermächtigen zerstörerischen Macht und die Frage nach dem, der das tut. Eine Antwort gibt es nicht. Nicht in diesem Gedicht und auch nicht in dem folgenden. Es benennt Erlebtes, es erklärt nicht, stiftet keinen Sinn wo keiner ist und ist damit, nicht nur in seiner Erschütterung, sehr ursprünglich und zu tiefst ehrlich.

Diese grundsätzliche Erschütterung, das Gefühl des vernichtet und all seiner Möglichkeiten beraubt Daliegens, will und kann auch das letzte der vier Gedichte nicht aufheben. Man könnte sie zärtlich lesen, die erste Zeile, wie eine in das Ohr der Geliebten geflüsterte Liebkosung: „Mein Hongklavier". Das Klavier, das mit den durch langjährige Übung geschickt über die Tastatur gleitenden Fingern zum Klingen gebrachte Gegenüber des Komponisten, sein Instrument, mit dem er seine Klangideen, die in ihm entstehenden Melodien und Harmonien, das erste Mal durch die angeschlagenen Saiten in die schwingende Luft einbringt, trägt den Topos gleich zweier Verwandtschaften in sich. Einmal ist es der Topos der Mechanisierung. Das Klavier ist ein mechanisiertes, ein teilautomatisiertes Idiophon. Über einen vielgliedrigen Mechanismus wird der Tastendruck in die Bewegung filzbespannter Hämmerchen übersetzt. Sie treffen auf Saiten, straff über einen Stahlrahmen gespannt. In Abhängigkeit von der Anschlagstärke klingen sie lauter oder leiser. Das Klavier ist aber auch der Topos der ersten Mensch-Maschine Schnittstelle. Bereits in den frühen antiken Orgeln waren es Tasten, mit denen die einzelnen Töne ausgelöst wurden. Die daraus entstandene Klaviertastatur war dann das Vorbild für die Tastatur der Schreibmaschine, aus der die wohl heute immer noch am häufigsten genutzte Mensch-Maschine Schnittstelle, die Computertastatur entstand.

Der tätige Mensch legt in die von ihm konstruierten Maschinen seine Wünsche und Sehnsüchte. Er schafft sich mit ihnen Gegenüberentitäten von denen er eine Erleichterung der Mühen des Lebens erwartet. Wunscherfüllung. Mühelose Reisen, fliegen wie ein Vogel, Säh-, Pflanz-, Ernte- und Pflückmaschinen machen die schwer Feldarbeit leicht und in der Vision der Industrie 4.0 vernetzt sich die gesamte Produktionsmaschinerie des Industriezeitalters auf unserem Planeten zu einem einzigen System, mit dem der Mensch sich umsorgt, sich seiner Daseinssorge enthebt. Ein Metamaschinismus als Sehnsuchtserfüllungsgehilfe.

Aber im „Honigklavier" sind die verdeckelten Waben dieser Maschine leer, taub. Kein Klang ist ihnen zu entlocken. Die Schwärme der Weltharmonie sind entflohen. Der Klang, der bleibt, ist das erschrocken vor sich und in sich hinein hämmernde Herz der zum Ende hin auf sich geworfenen Kreatur. Ein früher Blick auf das deutlich werdende Jetzt.

Kunstwerke haben ganz unterschiedliche Wirkungen, sie nehmen Impulse auf und geben sie weiter. Heinz-Albert Heindrichs berichtet von einem Gespräch mit Josef Beuyes, in dem dieser ihm gesagt hat, dass die Honiggedichte ihn zur Honigpumpe, dieser durch verschiedene Räume des Fridericianums Lebenskraft pumpenden Maschinerie, inspiriert haben: eine spannende wechselseitige Inspiration.

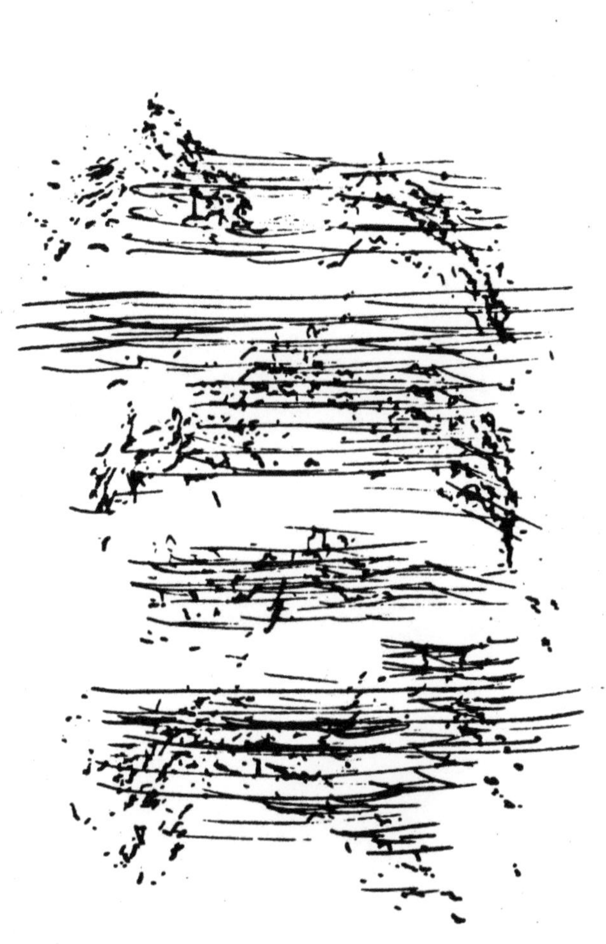

Vier Honiggedichte für Joseph Beuys (1977)

Dies ist kein Fruchtland

Dies ist kein Fruchtland
um Verse zu schleudern
die Honigwaben
sind leer

unter den Walzen
der Datenzentrale
ballt sich des wilden
Denkens letzter
summender
Korb

Todesweihe

Am Ende
die Drohnenschlacht
wo sie uns zerren
ins Freie
wer sind sie
die uns aushungern
im Fleisch

Erbrochen das Siegel
die blutroten
Ringe
uns löscht
eine schwarze
Urfehde die Augen

Vernichtet sind wir
mit ausgerissenem Stachel

wir Hochzeitsflügler
im finstern Innen
der Königin
der Welt

Honigklavier

Mein Honigklavier
die verdeckelten Waben
sind leer

taub

erntflohen die Schwärme
der Weltharmonie

Blei

ist im Goldstaub
die Herzflügel hämmern
zum Ende

Schlüsselgedichte

Im Jahr 2013 entstand die Idee, aus jedem der bisher erschienenen Gedichtbände jeweils zwei zentrale Gedichte auszuwählen und in einem Band zusammenzustellen. Die Auswahl der Gedichte erfolgte bereits im folgenden Jahr.
Das Projekt der Publikation dieser Gedichte in einem eigenen Band wurde
dann aber doch nicht umgesetzt. Auf den folgenden Seiten finden sich jetzt
die von Heinz-Albert Heindrichs als Schlüsselgedichte ausgewählten Texte
und im Anschluss eine Liste, wo sie im jeweiligen Band der Gesamtausgabe
stehen.

Selbstbildnis bei nächtlicher Zugfahrt

Im Fensterglas klafft mein Gesicht
zittert mein Bild
wirbelnd im Takt stählerner Hufe
stürzt mir im Spiegel
die Welt
ein gläserner Traumschutt
schwärzlich durch Augen und Stirn

Und ich seh

Hinter Spiegeln stürzend das Jahr
Aschenschrift unterm Eismond
mein Leben
wie Schatten durch Wasser
seh mich gerafft von der Zeit
alternd entfliehn
ein Staubbild im Dröhnen der Räder

Geh nicht

Geh nicht
Bruder geh nicht zur Quelle
im Talgrund
harrt schon der Tod
der löscht dir die Lichter der raubt
dir das schöne Geweih
geh nicht
Bruder hinab in den Wald
da röhren metallene Hirsche da wälzt
sich Bosheit
im sterbenden Grün
bleib
wo das Töten die Mörder nicht lohnt
in der Steilwand bleib
im salzigen Karst
Bruder urfern der Quelle
dürstend
sind wir noch sicher –

Karneval

die Atemleiter hinauf
ihr Lachstöße
hüpft
und rüttelt
das Zwerchfell
lasst die Angstpfropfen
knallen
und hochgehn
die dürre Vernunft
helau
ihr wiehernden Himmel
gnädigen Masken
Pappnasenträume rot
helau
ihr Tränensäcke
voll Lachen
berstet
erbarmt euch
des unausschöpfbaren
Jammers der Welt

An meinen Hund

Der du mir fraglos
vertraust
auf meinen Füßen
dich bettest
vergeblich suchst du
in meinen Augen
zu wittern
welch unsichtbare
Gewalt
mich deinem Hiersein
entfremdet

Weil du nicht weißt
wie schutzlos
mein Kopf
deinem Spürsinn entrückt
in Gefahr schwebt
darum nur
kannst du mir trauen
Freund
aber auch helfen
die Füße
am Boden zu halten

Sanctus

ich werde sein
eine Silbe
Staub

aber es ist kein Mund

ich werde sein
eine Salve
Licht

eine Wolke Klangstaub
Lichtstaub

Licht Klang Staub

aber es ist kein Auge
es ist kein Ohr

hosianna

Vor der Stille

Musik so dicht
wie Laub

die undurchdringliche
Laubmauer
Zeit

schrieb ich sie
wer schrieb sie mir vor

Lautschwelle
durch die ich gewachsen
um nichts

Rondeau

Warum lief ich nicht fort

um dieser Augen willen
bin ich geblieben

mit ihnen
sah ich das Flüchtende
Heimat werden

um dieser Augen willen
werde ich klagen

weil untergeht
in ihnen
alles wofür ich geblieben

Weil es dich gibt

Weil es dich gibt
ist die Erde
im Himmel geborgen

aufgehoben
weil es dich gibt
ist meine Angst
inmitten
der Schrecken

was immer geschieht
mag geschehen
weil es dich gibt

Dein zierlicher Körper
Mutter
gewaltsam daraus
mein Kopf
mit dem Trauma
der Zangengeburt
um Sprache und Bilder
ringend
gegen die Narben
nachtlang dornenlang
Mutter
immer noch
stürzt der Raum
aus der Rosenschlucht
strömen
verschwiegene Schmerzen
deine und meine

Das andere Siegel

Die Spur der Ohren
am Himmel
die Spur der Füße
im Sand

zwei Paar Siegel
der einen Kindsfrucht
als sie im Mutterleib war

das eine Siegel
bekennt sich zur Erde
das andere
sucht den Posaunenmund
die Jenseitslippen
des Engels

es horcht voraus
ob Sterben werde Geburt

Gehen

und gehen
über der Erde

und sehen
sehen

und atmen
atmen und atmen

und hören
hören und wundern

und gehen

Vertrauensfrage

Wo ich dich nehme
beim Wort
Wirklichkeit
Sprache
bist du da
Grund
oder Abgrund

bin ich
indem ich dich berge
geborgen

adorno

adio adorno
don ora ranudo
o drona arona radon

andorra o rondo an dora
andro ondra norda
aron odo ran
el dorado
tornado
ahoi

adio adorno
o dorna moderna

adio morendo
adonis adieu adonai

nie wieder mao

als omar
in roma bei oma war
da saß ihr ein amor im ohr
und omar der arme
was sah er da
arm in arm
ritt die oma mit mao
durch marmor und wildes aroma

da rührte sich omars moral
und er schrie zu amor
in omas ohr

nie wieder mao
in roma mit amor und oma

An mich

Noch jung sein
die Tage verschwenden

sie sind schon gezählt
das Herz pocht
um Hilfe

komm
verlass dich
sagt das Gedicht

verschwende den Tag
von dem nichts wird bleiben

an mich

Im Weinhimmel

wachsen der Nase Flügel
und Sternaugen
blühn
überm Schädelbogen

komm
in den Mondkahn
wir rudern Träume weltunter

ultramarin umarmt uns
trunkene Zecher
die Nacht

Todestag

ob wir gewaltsam sterben
ob wer noch da ist
der uns liebt

es wird alles gleich sein
wenn jäh das Licht
in den Tunnel
schießt
und die Aughöhlen blendet

aber der Tod ist nicht schwarz
auch wenn er uns nimmt
was uns krönte
den milden
Glanz
erinnerten Leidens
von dem wir nicht wissen
ob er der Vorschein des Lichts

Ach grimmer Schnee

entlaubt ist
all meine Hoffnung

ein kahles Platanengeäst
schwarz starrend
im Frost

aber
was klagst du
um den Verlust der Sonne

weiß
schält sich
die Rinde vom Stamm
und in der Wurzeln Nacht
sinnt gelassen
das Grün

Ich Seiltänzer

tanzte
gegen den Abgrund
kann dir nicht sagen warum

ich war besessen davon
das Unvollkommene
zu besiegen

und meinen Sturz
und den Sturz der Welt
über das Seil zu begreifen

tanze
und du wirst es verstehn

Dilemma

wieviele Tyrannen
haben wir stürzen sehn
in einem halben Jahrhundert
wieviele Ideologien
sind über uns
weggefegt
wir wissen wohl
dass Macht zu gewinnen
von ihr besessen zu werden
in unüberbrückbare
Abgründe führt
in Gewalt
und erneutes Unrecht

und dass unser Glück wäre
machtlos zu sein
aber –

Mit Bäumen

Um die Sprache der Bäume
verstehen zu lernen
musst du
mit ihnen alt
und verwundbar werden

noch tragen sie innen das Siegel
ihrer ringförmigen
Zeit
und noch vertrauen sie
dir dem ruhelosesten Wesen

lege
dein Ohr
in die geborstene Rinde

ihr erstes Wort für dich heißt
Geduld das zweite
schon Hilfe

Blühender Staub

Blühender Staub
zu sein

auf dieser einzigen
Lebensinsel
mitten
im Sonnenmeer

und leuchten dürfen
einen
Weltaugenblick

welch ein Geschenk

Palimpseste

Handschriften
auf Pergamentpapier
abgekratzt und neu überschrieben
gefunden in Bibliotheken
früher Klöster

warum habe ich Palimpseste gemalt
Worte und Notenzeichen
übereinander
bis sie nicht mehr zu lesen waren

die ganze Welt
ist heute ein Palimpsest
wir taumeln ortlos über sie hin

seit das alte Gefüge
zerstört ist

dafür gilt es Metaphern zu finden

Wie flüchtig alles

was dir einmal Heimat schien
war nicht zu bewahren

die Glückzeit
und Vater und Mutter
verschüttet in deinen Augen

dein Haus ein verwehender Klang
der zerbrechlichste Halt
ein Gedicht

wohin wirst du gehen
und wo gehörst du noch hin

Den ersten Bocksbeutel

trank ich mit ihr
war zwanzig

verstand
nichts vom Wein
und wusste noch nicht
dass wir uns
liebten

jetzt sind wir achtzig
und unsere Nasen
riechen
den Frankenwein
ehe der Korken springt

Schau

wie das Sternbild
in schwarzer
Nacht

und mein Gedicht
in weißer
Leere

spiegelverkehrt

sich suchen
einander bedingen

Erkenntnis

endlich
alt geworden
und frei von Zwängen

du siehst
das Laub fallen
und durch das Gewirr
verwachsener
Zweige

darüber
blau die Unendlichkeit

Informel

schaue
den Wolken zu
die in verschiedenen Tempi
wie Wasserfarben ineinander fließen

der Wind
beflügelt sie und meine
Phantasie so malen zu können

getrieben von einer formenden Kraft
ins nie zu berechnende Spiel
vom Zufall

Früh schon

den Künsten gehorcht
mit allen Sinnen

am Ende
blieben einsame Wege

weil Hören und Sehen
nur die Vorhöfe
waren

wo
es die Spur
des Undurchdringlichen
erst zu erahnen
gilt

Um zu erfahren

ob es
der Menschheit
gelang sich zu retten

ob die Weltreligionen vereint
und eine neue Musik
erfunden

dafür
wollte ich gern
noch einmal geboren werden

und dann nur schauen
und lauschen

Die Schlüsselgedichte in den Bänden
der Gesamtausgabe

Werkverzeichnis

Lyrik

Gesammelte Gedichte:

Edition der Gesammelten Gedichte in 20 Doppelbänden mit jeweils einer farbigen Tuschzeichnung (No-tation) als Umschlagbild. Rimbaud: Aachen 2008-2018.

Band I, Traumschutt / In der Kelter.
   Rimbaud: Aachen 2010.

Band II, Fort von wo / Verloren die Form.
   Rimbaud: Aachen 2010.

Band III, Honigklavier / Vor der Stille.
   Rimbaud: Aachen 2008.

Band IV, Unter dem Horizont / Weil es dich gibt.
   Rimbaud: Aachen 2008.

Band V, Aus der Rosenschlucht / Über die Lichtung.
   Rimbaud: Aachen 2009.

Band VI, Du nicht zu halten / Weißt du das Wort.
   Rimbaud: Aachen 2010.

Band VII, Die Nonnensense I II. 2. erweiterte Auflage.
   Rimbaud: Aachen 2017.

Band VIII, An mich / Flugpost.
   Rimbaud: Aachen 2009.

Band IX, Atem für Atem / Von Jahr zu Jahr.
    Rimbaud: Aachen 2009.

Band X, Erinnern Erwarten / Je dunkler es wird.
    Rimbaud: Aachen 2009.

Band XI, Verhüllte Sonne / Blühender Staub.
    Rimbaud: Aachen 2010.

Band XII, Über uns in uns / Vor niemandes Ort.
    Rimbaud: Aachen 2010.

Band XIII, Gezählte Tage / Im freien Fall.
    Rimbaud: Aachen 2012.

Band XIV, Frühe Gedichte.
    Rimbaud: Aachen 2012.

Band XV, Coda I / Coda II. Gedichte.
    Rimbaud: Aachen 2013.

Band XVI, Sterngefieder / Die Ferne so nah. Gedichte.
    Rimbaud: Aachen 2014.

Band XVII, Grün vor Blau / Über die Grenze. Gedichte.
    Rimbaud: Aachen 2015.

Band XVIII, Miteinander / Wer weiß wohin. Gedichte.
    Rimbaud: Aachen 2017.

Band XIX, Heimsucht / Fernweh. Gedichte.
    Rimbaud: Aachen2018.

Einzelausgaben

Zikadenmusik
  Zehn Gedichte und zehn dazugehörige Grafiken.
  Neuausgabe des Bandes von 1978,
  ergänzt mit einem einführenden Text von Heiner Stachelhaus
  Edition HIC<: Norderstedt 2017.

Solitär. Ausgewählte Gedichte.
  Edition Xylos: Gelsenkirchen 2000.

Erinnern Vergessen.
  Edition Xylos: Gelsenkirchen 1999.

Zauber Märchen Gedichte.
  Europ. Märchengesellschaft: Rheine 1997.

Bd. I Frühbuch. 4 x 49 Gedichte.
  Bitter: Recklinghausen 1992.

Bd. II Siebenbuch. 7 x 49 Gedichte.
  Bitter: Recklinghausen 1991.

Weil es dich gibt. Liebesgedichte.
  Edition Xylos: Gelsenkirchen 1988.

Vor der Stille. Zeitgedichte.
  Edition Xylos: Gelsenkirchen 1987.

Musikgedichte.
  Werkgemeinschaft Musik: Düsseldof 1986.

Überfahrt.
    Ludgerus: Essen 1979.

Zikadenmusik.
    Edition Xylos: Gelsenkirchen 1978.

Bühne

Sprechtheater und Performances nach eigenen Gedichten:

Engelgedichte. 3 x 7 Gedichte für Stimme und Klavier.
    Uraufführung Essen 2001.

Die Nonnensense. Musikalisches Sprechtheater aus
    111 Laut- und Unsinnsgedichten.
    Uraufführung Musiktheater im Revier 2000.

Solargeflecht für Stimme und Tasteninstrumente.
    Uraufführung Gelsenkirchen 2000.

Erinnern Vergessen. Klangritual.
    Uraufführung Gelsenkirchen 1999.

Licht Klang Staub für Stimme. Gongs und Instrumente.
    Uraufführung Kiel 1997.

Baumgedichte. 3 x 7 Gedichte für Stimme und Klavier.
    Uraufführung Essen 1995.

Salut für Kuzorra. Für Stimmen, Orchester und Tonband.
    Uraufführung Musiktheater im Revier 1991.

Mit fünfzig Jahren für Stimme und Klavier.
    Uraufführung Wittener Musiktage 1981.

Pfingstchoräle für Stimme und präpariertes Klavier.
    Uraufführung Mülheim 1976.

An Schumanns Grab für Stimme und Klavier.
    Uraufführung Gelsenkirchen 1966.

Anthologie

Circa 30 Aufsätze zur Märchenforschung, zu Themen wie: Zeit und Erlebniszeit, Märchen und Mittelalter, Märchen und Utopie, Märchen als Dichtung, Märchen und Kunstwerk, Märchen und Synästhesie, Märchen und Musiktheater.

Herausgeberschaften

Märchenforschung

Mit Ursula Heindrichs Herausgabe von neun Bänden der Europäischen Märchengesellschaft:

Märchen als Brücke für Menschen und Kulturen.
  Königsfurt-Urania: Krummwisch 2011.

Märchen die Brücken bauen.
  Königsfurt-Urania: Krummwisch 2010.

Als es noch Könige gab.
  Diederichs: München 2001.

Alter und Weisheit im Märchen.
  Diederichs: München 2000.

Zauber Märchen.
  Diederichs: München 1998

Das Märchen und die Künste.
  Röth: Pottenstein 1996.

Märchen und Schöpfung.
  Röth: Pottenstein 1993.

Tod und Wandel im Märchen.
  Röth: 1990.

Die Zeit im Märchen.
    Röth: Pottenstein 1989.

Übernahme aller Bände in den Diederichs Verlag München; seit 2004 in den Urania Verlag Königsfurt.

Kompositionen

1950-70 Klavier- und Kammermusik, Sinfonie, Funkoper, Ballett.

Liederzyklen nach Trakl, Sappho, Langston Hughes, Litaipe.

Chorzyklen nach Bergengruen und Silesius.

Motetten, Messen, Magnificat.

Aktionen und Happenings mit Beuys, Gräsel, Luther, Spindel, Vostell.

Ab 1979 Konzentration auf die Vertonung zeitgenössischer deutscher Lyrik:
    Liederbücher II-VIII nach Gedichten von Ilse Aichinger, Ingeborg
    Bachmann, Jürgen Becker, Paul Celan, Günter Eich, Yvan Goll, Rolf
    Haufs, Ursula Heindrichs, Ernst Meister, Nelly Sachs, Georg Scherer,
    Jesse Thoor u. a.

Ab 1990 Konzentration auf chorische Vertonungen:
    Fries der Lauschenden nach Ernst Barlach. Deutsche Messe. Buch
    Kohelet. Altfrid-Kantate. Psalmen.

Die Liederbücher

II   Rufe – nach fünf Gedichten von Jesse Thoor
III   Traumstücke – nach fünf Gedichten von Ernst Meister

Sechstes Liederbuch für Stimme und Handtrommeln (1984)
I   Malaiische Liebeslieder – nach sieben Gedichten von Ivan Goll
II   Lieder auf der Flucht – nach sechs Gedichten von Ingeborg
         Bachmann

Siebentes Liederbuch für Stimme und Schlaginstrumente (1985)
I   Engelgeäst – nach sieben Gedichtfragmenten von Ursula Heindrichs
II   Juniabschied – nach sechs Gedichten von Rolf Haufs
III   Ohnengelnacht – nach sieben Gedichtfragmenten von
         Ursula Heindrichs

Bilder

seit 1977 No-tationen und Musikaquarelle (aus Noten und Schrift
     entwickelte Zeichnungen und Bilder).

seit 1990 Palimpseste (Zyklus „Harmonia mundi“ 1995).

Ausstellungen

30 Einzelausstellungen (z.B. Galerie René/Mayer Düsseldorf - Musiktheater im Revier - Wittener Musiktage - Museen Folkwang Essen und Gelsenkirchen); zahlreiche Ausstellungsbeteiligungen (z.B. Kunstszene Rhein-Ruhr Essen - Internationale Musikalische Grafik Frankfurt - Biennale Ruhr Oberhausen).

Über Werk und Autor

(Auswahl)

Über den synästhetischen Zusammenhang von Gedicht, Komposition, Zeichnung und Bild. Katalog zur Ausstellung „Entgrenzungen" im Maternushaus. Köln: 2014.

Katalin Horn: Glück, was ist das? Zu den Gedichten von Heinz-Albert Heindrichs. In: Märchenspiegel 1/2002.

Jürgen Janning: Laudatio zum Märchenpreis. In: Märchenspiegel 4/2001.

H.-A. Heindrichs: Verdichtete Kindheit. In: Märchenkinder – Kindermärchen. Diederichs: München 1999.

Hans-Jörg Loskill: Auf dem Lehrpfad der Geschichte Stützpunkte finden. In: Standorte. Klartext Verlag: Essen 1998.

Heiner Stachelhaus: Nach der Musik – Zu den No-tationen von Heinz-Albert Heindrichs. In: Katalog zur Ausstellung René/Meyer Düsseldorf 1978.

Lexikonartikel

Westfälisches Autorenlexikon. Hrsg. von Walter Gödden und Iris Nölle-Hornkamp. Bd. 4: 1900 bis 1950. Ferdinand Schöningh: Paderborn 2002.

Kürschners Deutscher Musik-Kalender. K.G. Saur: München 2002.

Kürschners Deutscher Literatur-Kalender. K.G. Saur: München 1998.

Heinz Bremer: Rheinische Musiker - Beiträge zur rheinischen Musikgeschichte. Band 150. Folge 10. Edition Merseburger: Kassel 1998.

Komponisten im Ruhrgebiet. Hrsg. vom Kommunalverband Ruhrgebiet: Essen 1995.

Literatur-Atlas NRW. Volksblatt: Köln 1992.

Tonkünstler-Lexikon. Heinrichhofens: Wilhelmshaven 1978.

Auszeichnungen

2001 Bundesverdienstkreuz erster Klasse
2001 Europäischer Märchenpreis (zusammen mit Ursula Heindrichs)
1958 Brüsseler Kammermusikpreis (für das Streichquartett)
1957 Nominierung für Bundesfilmpreis
  (für die Filmmusik zu: Geheimnis der Etrusker)
1954 Kölner Lindströmpreis für Komposition (für das Erstes Liederbuch)

Edition HIC<